내 삶에 ₤

감사일기
THANKS

Date : _____.____.____ ~ _____.____.____

Name : _____ ㉑

01 마음에 드는 감사일기장을 준비합니다. 손글씨로 쓰는 것이 뇌인지 발달과 기억력 향상에 도움이 된답니다.

02 감사 일기를 쓸 때마다 각 페이지의 '감사 명언'을 읽고 의미를 생각해 보십시오. 감사일기를 쓰도록 동기부여해 줄 것입니다.

03 가능하면 시간을 정해 두고 감사일기를 쓰는 것이 좋습니다.

04 5분 정도 하루의 삶을 돌아보면서 감사한 일을 생각해 보고 3~5가지 정도를 기록합니다. 매일 쓰기 힘들다면 일주일에 3번 이상 쓰도록 노력해 봅시다.

05 감사한 일을 적을 때 마지막에는 '감사합니다'라는 현재형으로 마무리합니다. 현재형으로 쓰다 보면 지나간 일에 대해서도 감사의 감정을 다시 느낄 수 있습니다.

06 단순하게 감사 목록을 쓰기보다 감사 내용을 구체적으로 작성합니다. 구체적으로 쓸수록 감사의 유익을 전인적으로 누리게 됩니다.

07 5페이지 "감사하면 내게 생기는 일들"을 자주 살펴보고 자신이 받고 싶은 유익을 생각하면서 감사일기를 씁니다.

08 감사일기에 쓸 내용이 생각나지 않거나 구체적으로 쓰기 어렵다면 '부록'에 수록된 감사일기 예문을 참고하여 써 봅시다.

감사일기 활용법

오늘은 감사 시작

감사할 줄 아는 사람은 인생에 있어서 또 다른 기쁨거리가 있음을 믿고 그 기회를 기다릴 줄 아는 사람이다. — 데이비드 스타인들 라스트

188 일째   Date : 2024. 4. 6.

오늘 나의 강화

1. 내가 가진 '따뜻함의 재능'과 손사랑 사용하여 매밀티라식의 도료그램을 개발할 수 있어서 감사합니다.

2. 집속과 밀려서 오랫동안 바쁜 것을 먹지 못했는데, 오늘 저녁에는 김치만두를 먹을 수 있어서 너무나 기쁘고 행복하고 감사합니다.

3. 찾아 준 내 몸을 따뜻하게 내 주는 저들 일주일. 전기고가 있어서 감사합니다.

4. 오늘 아침에 작성한 일정표에 따라 일들 모두 마치고 나니 생산적인 하루를 보냈다는 생각이 들어서 감사합니다.

5. 직장 일로 스트레스를 받아 어질간 몸과 마음도 지치고 힘든 날이었는데, 케이트헤어 바깥에 나가서 바영없이 걷다 보니 마음이 작은 비천에서 문제 비껴을 위한 아이디어까지 따룰다 감사합니다. 오늘 감사합니다!

오늘은 감사 시작

그러므로 우리가 흔들리지 않는 나라를 받았은즉 은혜를 받아 이로 말미암아 경건함과 두려움으로 하나님을 기쁘시게 섬길지니 (히 12:28)

189 일째

Date : 2024. 4. 7.

월/상/다/감/사

T Today & Tomorrow | 오늘을 감사하며, 내일을 미리 감사합니다.

오늘도 상쾌한 아침을 맞이할 수 있어 감사합니다. 통넘에서 떠오르는 찬란한 배움이를 보면서 내게 주어진 오늘도 저렇게 찬란할 것을 생각하니 마다욱 감사합니다.

H Health & Healing | 내가 가진 건강과 건강에 감사합니다.

나의 말이 되어 순 자동차자, 고마워, 오늘도 나를 직장으로 원대해 데려다주고 마트에 들러 소망면 수 부자가 집에 도착할 수 있도록 함께뛰 순 나의 애마야, 정말 고마워.

A Advance | 보다 나아진 것들에 감사합니다.

그제 밤에 6시간 정도밖에 자지 못해서 하루 총일 피곤했는데, 어제저녁 6시간을 자고 자니 아침 컨디션도 좋고 오늘 하루를 일을 정상적으로 수행할 수 있게 되어 감사합니다.

N Nature & Neighbor | 자연과 일터, 이웃에게 감사합니다.

벚꽃과 떠나미가 오드러진 브란치보 축공원에서 서넛을 소리를 들으며 꽃들의 아름다움에 위벼 감사하면서 감사 산책을 하게 되니 너무나 행복하고 감사합니다.

K Kindness | 내가 받은 친절과 배려에 감사합니다.

항암 치료 때문에 입맛이 없어서 제숙이 많이 출었다는 소식을 들자마자 입맛을 돋게 하는 약 처방과 함께 나의 쾌유를 위해 매일 기도해 주시는 박사님 부부에게 감사합니다.

S Special Person & Spirituality | 나와 가족 그리고 하나님께 감사합니다.

욕심이 넘었지만 어린이 '따뜻을 향한 비전과 설래는 꿈을 꾸고 있는 나 자신에게 감사합니다.

감사를 실천합니다

- ☑ 나는 한 주간 감사를 표현했다
- ☐ 내게 일어난 문제를 수용했다
- ☑ 나는 한 주간 나를 존중했다
- ☑ 나는 지난 일주일을 만족했다
- ☐ 한 주간 불평과 불만에 대해 반성했다
- ☑ 나는 사람들에게 친절과 배려를 베풀었다
- ☑ 나는 내게 주어진 재정과 건강에 감사했다
- ☑ 다음주 어떤 일이 일어나도 나는 감사하겠다

나를 위한 응원의 한마디

자난 한 주간 어내갈 수 없는 일 때문에 마음 고생 많았는데, 수어신 상날에 감사하고 잘 이겨냈어 수고했고 다음 수어로 수용하고 감사하는 자세로 잘 이겨내 보자.

---

① 매일 그날의 '감사 명언'을 읽고 의미를 생각해 보세요. 감사일기를 쓰도록 동기 부여해 줄 것입니다.

② 감사일기 쓰기를 쉬지 마세요. 매일 할 수 있습니다. 연속되는 일수와 날짜를 기록하고 감사일기를 갱신해 나가세요.

③ 매일 5분 정도 삶을 돌아보면서 감사한 일을 생각해 보고 3~5가지 정도 기록해 보세요. 5번째는 조금 길게 작성할 수 있습니다.

④ 매주 주말에는 감사에 대한 말씀을 묵상하고 한 주의 삶을 되돌아보며 영적인 면에 초점을 두고 감사해 보세요.

⑤ 주말에는 한 주의 삶을 생각하며 구체적으로 감사해 보세요. 'THANKS' 머릿글자를 따라 T(오늘과 내일), H(건강과 소유), A(보다 나아진 것), N(자연과 일터 및 이웃), K(내가 받은 친절과 배려), S(나와 가족 그리고 영적인 면)에 맞춰 감사한 것을 적을 수 있습니다.

⑥ 한 주를 돌아보며 얼마나 감사의 삶을 실천하며 살았는지 체크해 보세요.

⑦ 하루하루 감사하면서 조금씩 진보하고 있는 자신을 향해 응원해 주세요.

01 물건보다 사람에 대한 감사를 더 많이 쓰도록 합니다. 특히 '나의 감사를 받을 대상은 누구인가? 나는 누구에게 무엇을 받았는가'라고 질문하면서 감사 이유를 적습니다.

02 나를 도와준 사람뿐만 아니라 내가 사랑하는 사람을 도와준 사람들에 대해서도 감사를 기록합니다.

03 당연하게 받아들이기 쉬운 일상에 대해서 생각해 보고 감사로 여기면서 기록합니다.

04 '선물'이라는 단어를 사용해 보십시오. 오늘 선물로 받은 것은 무엇인지 생각해 보고 기록합니다.

05 미래에 대해 감사해 봅시다. 아직 이루어지지 않았지만, 미래에 받게 될 놀라운 선물에 대해 감사하다 보면 기분이 한결 좋아지고 불평과 초조함 대신 평안을 맛보게 되면서 그 일이 실제로 일어나는 경험을 자주 하게 됩니다. 또 내게 주어질 기대하지 않은 축복에는 무엇이 있을지 생각하면서 기록합니다.

06 감사의 유익을 최대로 누리기 위해 매일 새로운 감사거리를 찾아 정교하게 기록합니다. 어제의 일을 오늘 다시 감사해도 되지만, 가장 최근의 감사가 감사하는 감정을 더욱 체감할 수 있게 하고 감사의 유익도 더 많이 얻을 수 있습니다. 즉 소중한 가족에 대해 감사하면서 "내 가족에 대해 감사해요"라고 매일 똑같이 쓰게 된다면 뇌는 더 이상 '신선한 감사'로 받아들이지 않는답니다.

07 부정적인 결과를 피하거나 예방할 수 있었던 것이나 긍정적으로 바뀐 것들에 대해서도 감사해 봅시다.

건강
면역력 강화, 콜레스테롤 저하,
심장 기능 강화, 에너지 증가, 숙면,
통증 감소, 건강 관리

관계
가족 관계 향상, 친구 증가,
깊은 연대감, 외로움 감소

영성
훈련과 성숙

감사

사회
분노와 불신 감소,
신뢰 증가, 상호 존중

행복
낙관적, 긍정적 감정 증가,
스트레스 감소

재정
소비 감소, 저축 증가, 번영,
자족감 증가, 후원 증가

정신
뇌 건강 향상, 기억력 향상,
학습 능력 향상

직업
집중력 증가, 생산성 증가, 목표 달성,
고객 증가, 병가 감소

매일 감사하면 우리의 내면과 삶에 생기는 놀라운 변화들이 있습니다. 감사의 유익에 대한 위의 표를 자주 보면서 감사해 보십시오. 감사해야 할 이유를 발견케 할 뿐만 아니라 감사의 제목들이 생각나게 될 것입니다. 위의 표를 보면서 8가지 분야에 대해 구체적으로 감사하다 보면 전인적으로 날마다 진보하는 자신에 대해서도 감사하게 될 것입니다.

내가 받은 축복을 하나씩 세어 보기 시작하자
나의 삶 전체가 좋아지기 시작했다.
- 윌리 넬슨

Date :   .   .   .

오늘 더 감사합니다

1.
....

2.
....

3.
....

4.
....

5.

매일 감사한 일을 세 가지만 적어 보라.
과거의 불행한 나로부터 탈출할 수 있을 것이다.
- 데보라 노빌

Date :   .   .   .

오늘 더 감사합니다

1.
....

2.
....

3.
....

4.
....

5.

가장 축복받는 사람이 되려면
가장 감사하는 사람이 돼라.

- 캘빈 쿨리지

Date :　　　　.　　.　　.

오늘 더 감사합니다

1.

2.

3.

4.

5.

불행할 때 감사하면 불행이 끝나고,
형통할 때 감사하면 형통이 연장된다.

- 찰스 스펄전

Date :　　　　.　　.　　.

오늘 더 감사합니다

1.

2.

3.

4.

5.

감사는 패배의 인생을 승리의 인생으로 바꾼다.

- 헨리 프로스트

Date :   .   .   .

오늘 더 감사합니다

1.

2.

3.

4.

5.

감사할 줄 아는 사람은 인생에 있어 또 다른 기회가 있음을 믿고
그 기회를 기다릴 줄 아는 사람이다.   - 데이비드 스타인들 라스트

Date :   .   .   .

오늘 더 감사합니다

1.

2.

3.

4.

5.

여호와께 감사하라 그는 선하시며
그의 인자하심이 영원함이로다 (역대상 16:34)

Date :　　　　　.　　.　　.

일/상/다/감/사

T　Today & Tomorrow | 오늘을 감사하며, 내일을 미리 감사합니다

H　Health & Having | 내가 가진 것과 건강에 감사합니다

A　Advance | 보다 나아진 것들에 감사합니다

N　Nature & Neighbor | 자연과 일터, 이웃에게 감사합니다

K　Kindness | 내가 받은 친절과 배려에 감사합니다

S　Special Person & Spirituality | 나와 가족 그리고 하나님께 감사합니다

감사를 실천합니다

- [ ] 나는 한 주간 감사를 표현했다
- [ ] 내게 일어난 문제를 수용했다
- [ ] 나는 한 주간 나를 존중했다
- [ ] 나는 지난 일주일을 만족했다
- [ ] 한 주간 불평과 불만에 대해 반성했다
- [ ] 나는 사람들에게 친절과 배려를 베풀었다
- [ ] 나는 내게 주어진 재정과 건강에 감사했다
- [ ] 다음주 어떤 일이 일어나도 나는 감사하겠다

나를 위한 응원의 한마디

오늘은
감사 시작
　　　일째

일상 속 소소한 즐거움을 음미하는 능력,
순간에 감사하는 마음은 저절로 얻어지지 않는다.

- 칼 필레머

Date :　　　　.　　.　　.

오늘 더 감사합니다

1.

2.

3.

4.

5.

오늘은
감사 시작
　　　일째

감사는 과거에 대한 이해와 현재의 평화
그리고 미래의 희망을 가져다준다.

- 멜로디 비티

Date :　　　　.　　.　　.

오늘 더 감사합니다

1.

2.

3.

4.

5.

<table>
<tr><td>오늘은
감사 시작
___일째</td><td>감사하는 마음은 가장 놀랍고 훌륭한 삶을 만들어 내는
기적의 도구다.
                       - 로버트 에먼스
Date :   .   .   .</td></tr>
</table>

오늘 더 감사합니다

1.

2.

3.

4.

5.

<table>
<tr><td>오늘은
감사 시작
___일째</td><td>감사하는 마음이
우리의 성공과 행복에 영향을 미친다.
                       - 넬슨 & 칼라바
Date :   .   .   .</td></tr>
</table>

오늘 더 감사합니다

1.

2.

3.

4.

5.

감사는 감사의 열매를 맺고,
불평은 불평의 열매를 맺는다.
- 루이스 L. 헤이

Date :   .   .   .

오늘 더 감사합니다

1.

2.

3.

4.

5.

감사는 스트레스를 완화시켜 건강을 증진하고 면역계를 강화하며,
에너지를 높이고 치유를 촉진한다.
- 데보라 노빌

Date :   .   .   .

오늘 더 감사합니다

1.

2.

3.

4.

5.

오늘은 감사 시작 일째	감사함으로 그의 문에 들어가며 찬송함으로 그의 궁정에 들어가서 그에게 감사하며 그의 이름을 송축할지어다 (시편 100:4)

Date :　　　　.　　.　　.

일/상/다/감/사

T　Today & Tomorrow | 오늘을 감사하며, 내일을 미리 감사합니다

H　Health & Having | 내가 가진 것과 건강에 감사합니다

A　Advance | 보다 나아진 것들에 감사합니다

N　Nature & Neighbor | 자연과 일터, 이웃에게 감사합니다

K　Kindness | 내가 받은 친절과 배려에 감사합니다

S　Special Person & Spirituality | 나와 가족 그리고 하나님께 감사합니다

감사를 실천합니다

- ☐ 나는 한 주간 감사를 표현했다
- ☐ 내게 일어난 문제를 수용했다
- ☐ 나는 한 주간 나를 존중했다
- ☐ 나는 지난 일주일을 만족했다

- ☐ 한 주간 불평과 불만에 대해 반성했다
- ☐ 나는 사람들에게 친절과 배려를 베풀었다
- ☐ 나는 내게 주어진 재정과 건강에 감사했다
- ☐ 다음주 어떤 일이 일어나도 나는 감사하겠다

나를 위한 응원의 한마디

13

오늘은 감사 시작 　　일째	희열의 순간은 언제나 불행하다고 느낄 때 온다. 그 순간 어려움은 추진력이 되어 시련을 박차고 나갈 올바른 해결책을 찾게 해 준다.　　　　- M. 스캇 펙

Date :　　　　.　　.　　.

오늘 더 감사합니다

1.

2.

3.

4.

5.

오늘은 감사 시작 　　일째	감사하는 마음은 서로의 사이가 틀어지거나 깨진 관계를 해결하는 치료책이며, 건강이 나 돈 문제 또는 불행을 해결하는 치료제이자 치료책이다.　　　　- 로버트 애먼스

Date :　　　　.　　.　　.

오늘 더 감사합니다

1.

2.

3.

4.

5.

당신은 인생의 집을 짓는 사람이다.
그런데 감사는 기막힌 인생의 집을 짓도록 하는 마법 같은 도구다. - 론다 번

Date :   .   .   .

오늘 더 감사합니다

1.

2.

3.

4.

5.

감사는 보통의 날을 가장 감사한 날로 바꾸고, 일상적인 일을
기쁨으로 바꾸고, 평범한 기회를 축복으로 바꾼다.   - 윌리엄 아서 워드

Date :   .   .   .

오늘 더 감사합니다

1.

2.

3.

4.

5.

낙천적이고 긍정적이며 감사하는 마음을 가진 사람은 모든 일에 부정적이고
불만이 많은 사람보다 삶에 대한 만족도와 성취도가 높다.   - 넬슨 & 칼라바

Date :   .   .   .

오늘 더 감사합니다

1.

2.

3.

4.

5.

풍족함은 좋은 일이지만 감사할 줄 모르게 하고,
부족함은 나쁜 것이지만 감사하게 만든다.   - 미겔 데 세르반테스

Date :   .   .   .

오늘 더 감사합니다

1.

2.

3.

4.

5.

<table>
<tr><td>오늘은 감사 시작
일째</td><td>아무 것도 염려하지 말고 다만 모든 일에 기도와 간구로, 너희 구할 것을
감사함으로 하나님께 아뢰라 (빌립보서 4:6)</td></tr>
</table>

Date :   .   .   .

일/상/다/감/사

T Today & Tomorrow | 오늘을 감사하며, 내일을 미리 감사합니다

H Health & Having | 내가 가진 것과 건강에 감사합니다

A Advance | 보다 나아진 것들에 감사합니다

N Nature & Neighbor | 자연과 일터, 이웃에게 감사합니다

K Kindness | 내가 받은 친절과 배려에 감사합니다

S Special Person & Spirituality | 나와 가족 그리고 하나님께 감사합니다

감사를 실천합니다

- [ ] 나는 한 주간 감사를 표현했다
- [ ] 내게 일어난 문제를 수용했다
- [ ] 나는 한 주간 나를 존중했다
- [ ] 나는 지난 일주일을 만족했다
- [ ] 한 주간 불평과 불만에 대해 반성했다
- [ ] 나는 사람들에게 친절과 배려를 베풀었다
- [ ] 나는 내게 주어진 재정과 건강에 감사했다
- [ ] 다음주 어떤 일이 일어나도 나는 감사하겠다

나를 위한 응원의 한마디

스스로 감사할 줄 아는 마음을 가져라.
그러면 삶은 더 크고 긍정적인 차원으로 옮겨갈 것이다.   - 조 디스펜자

Date :   .   .   .

오늘 더 감사합니다

1.

2.

3.

4.

5.

감사의 마인드만 전환해도 인생의 99%가 변한다.

- 데보라 노빌

Date :   .   .   .

오늘 더 감사합니다

1.

2.

3.

4.

5.

어느 누구도, 어떤 상황도 사람으로부터
감사를 빼앗아 갈 수 없다.

- 빅터 프랭클

Date :   .   .   .

오늘 더 감사합니다

1.
    ....

2.
    ....

3.
    ....

4.
    ....

5.

우리의 가진 것 때문에 감사하는 것이 아니라
우리에게 이루어진 바로 인해 감사한다.

- 헬렌 켈러

Date :   .   .   .

오늘 더 감사합니다

1.
    ....

2.
    ....

3.
    ....

4.
    ....

5.

오늘은
감사 시작
　　　일째

작지만 '고맙다'라는 말 속에는 마법이 들어 있다.

- 아나스 로에일

Date :　　　　.　　.　　.

오늘 더 감사합니다

1.

2.

3.

4.

5.

오늘은
감사 시작
　　　일째

감사는 의학적으로 우리 심장이나 몸
그리고 정서에 좋은 반응을 일으킨다.

- 넬슨 & 칼라바

Date :　　　　.　　.　　.

오늘 더 감사합니다

1.

2.

3.

4.

5.

완전하고 좋은 모든 선물은 빛을 창조하신 하나님 아버지에게서 옵니다. 하나님은 움직이는 그림자처럼 변하는 일이 없으십니다. (야고보서 1:17, 현대인의성경)

Date : . . .

일/상/다/감/사

T Today & Tomorrow | 오늘을 감사하며, 내일을 미리 감사합니다

H Health & Having | 내가 가진 것과 건강에 감사합니다

A Advance | 보다 나아진 것들에 감사합니다

N Nature & Neighbor | 자연과 일터, 이웃에게 감사합니다

K Kindness | 내가 받은 친절과 배려에 감사합니다

S Special Person & Spirituality | 나와 가족 그리고 하나님께 감사합니다

감사를 실천합니다

- ☐ 나는 한 주간 감사를 표현했다
- ☐ 내게 일어난 문제를 수용했다
- ☐ 나는 한 주간 나를 존중했다
- ☐ 나는 지난 일주일을 만족했다

- ☐ 한 주간 불평과 불만에 대해 반성했다
- ☐ 나는 사람들에게 친절과 배려를 베풀었다
- ☐ 나는 내게 주어진 재정과 건강에 감사했다
- ☐ 다음주 어떤 일이 일어나도 나는 감사하겠다

나를 위한 응원의 한마디

질병, 장애, 끔찍한 상실 등 살면서 겪을 수 있는 가장 나쁜 일과 마주했을지라도 언젠가는 새로운 이해, 새로운 연결, 새로운 관계, 그리고 새로운 감사가 찾아온다.   - 하워드 마틴

Date :   .   .   .

오늘 더 감사합니다

1.

2.

3.

4.

5.

감사하라. 그러면 젊어진다. 감사하라.
그러면 발전이 있다. 감사하라. 그러면 기쁨이 있다.   - 카를 힐티

Date :   .   .   .

오늘 더 감사합니다

1.

2.

3.

4.

5.

오늘은 감사 시작 일째	누군가에게 생애 최고의 날을 만들어 주는 것은 그리 힘든 일이 아니다. 전화 한통, 감사의 쪽지, 몇 마디의 칭찬과 격려만으로 충분히 가능하다. - 댄 클라크

오늘 더 감사합니다

1.
....

2.
....

3.
....

4.
....

5.

오늘은 감사 시작 일째	감사는 서로의 행동을 긍정적인 시선으로 바라보게 만들며, 그 행동을 소중하고 고맙게 여기도록 인도한다. - 에런 T. 벡

오늘 더 감사합니다

1.
....

2.
....

3.
....

4.
....

5.

감사의 향기는 저절로 퍼져나가서
주위 사람들을 행복으로 물들이는 법이다.

\- 데보라 노빌

Date :   .   .   .

오늘 더 감사합니다

1.

2.

3.

4.

5.

이 모든 상황에서도 감사할 수 있다면
삶은 진정으로 변하기 시작한다.

\- 닐르 C. 넬슨

Date :   .   .   .

오늘 더 감사합니다

1.

2.

3.

4.

5.

오늘은 감사 시작
　　　　일째

감사로 제사를 드리는 자가 나를 영화롭게 하나니 그의 행위를
옳게 하는 자에게 내가 하나님의 구원을 보이리라 (시편 50:23)

Date :　　　　　.　　.　　.

일/상/다/감/사

T　Today & Tomorrow | 오늘을 감사하며, 내일을 미리 감사합니다

H　Health & Having | 내가 가진 것과 건강에 감사합니다

A　Advance | 보다 나아진 것들에 감사합니다

N　Nature & Neighbor | 자연과 일터, 이웃에게 감사합니다

K　Kindness | 내가 받은 친절과 배려에 감사합니다

S　Special Person & Spirituality | 나와 가족 그리고 하나님께 감사합니다

감사를 실천합니다

- ☐ 나는 한 주간 감사를 표현했다
- ☐ 내게 일어난 문제를 수용했다
- ☐ 나는 한 주간 나를 존중했다
- ☐ 나는 지난 일주일을 만족했다

- ☐ 한 주간 불평과 불만에 대해 반성했다
- ☐ 나는 사람들에게 친절과 배려를 베풀었다
- ☐ 나는 내게 주어진 재정과 건강에 감사했다
- ☐ 다음주 어떤 일이 일어나도 나는 감사하겠다

나를 위한 응원의 한마디

감사를 배우는 과정에는 결코 졸업이 없다.

- 발레리 엔더스

Date :　　　.　　.　　.

오늘 더 감사합니다

1.

2.

3.

4.

5.

하루 한 번 감사하는 습관은
부(富)가 당신에게 흘러가는 통로로 작용한다.

- 월러스 위틀스

Date :　　　.　　.　　.

오늘 더 감사합니다

1.

2.

3.

4.

5.

감사하면 아름다우리라. 감사하면 행복하리라.
감사하면 따뜻하리라. 감사하면 웃게 되리라.　　　　　　　- 이해인

Date :　　　　　　.　　.　　.

오늘 더 감사합니다

1.

2.

3.

4.

5.

감사하기를 진정 강력하게 사용하길 원한다면
어떤 일이 일어난 뒤가 아니라 그 전에 감사하라.　　　- 닐 도널드 월쉬

Date :　　　　　　.　　.　　.

오늘 더 감사합니다

1.

2.

3.

4.

5.

감사하는 마음은 감사할 일을 부른다. 무엇인가에 감사할 줄 안다면
감사한 일이 우리 인생에 더 많이 흘러 들어온다.   - 마시 시모프

Date :   .   .   .

오늘 더 감사합니다

1.

2.

3.

4.

5.

감사하는 말은 길들여지는 것이다.
그러므로 아이들에게 그것을 가르쳐 주어야 한다.   - 데일 카네기

Date :   .   .   .

오늘 더 감사합니다

1.

2.

3.

4.

5.

오늘은 감사 시작	이스라엘이여 너는 행복한 사람이로다
일째	여호와의 구원을 너 같이 얻은 백성이 누구냐 (신명기 33:29a)

Date :　　　　.　　.　　.

일/상/다/감/사

T　Today & Tomorrow | 오늘을 감사하며, 내일을 미리 감사합니다

H　Health & Having | 내가 가진 것과 건강에 감사합니다

A　Advance | 보다 나아진 것들에 감사합니다

N　Nature & Neighbor | 자연과 일터, 이웃에게 감사합니다

K　Kindness | 내가 받은 친절과 배려에 감사합니다

S　Special Person & Spirituality | 나와 가족 그리고 하나님께 감사합니다

감사를 실천합니다

- ☐ 나는 한 주간 감사를 표현했다
- ☐ 내게 일어난 문제를 수용했다
- ☐ 나는 한 주간 나를 존중했다
- ☐ 나는 지난 일주일을 만족했다
- ☐ 한 주간 불평과 불만에 대해 반성했다
- ☐ 나는 사람들에게 친절과 배려를 베풀었다
- ☐ 나는 내게 주어진 재정과 건강에 감사했다
- ☐ 다음주 어떤 일이 일어나도 나는 감사하겠다

나를 위한 응원의 한마디

29

오늘은
감사 시작
☐ 일째

삶이 힘겨울 때 감사할 만한 무언가를 찾으면 골치 아픈 문제를 넘어서서
금세 기운을 차리고 다른 차원으로 들어서게 된다.   - 하워드 마틴

Date :   .   .   .

오늘 더 감사합니다

1.

2.

3.

4.

5.

오늘은
감사 시작
☐ 일째

감사의 마음은 얼굴을 아름답게 만드는 훌륭한 끝손질이다.
                                    - 시어도어 파커

Date :   .   .   .

오늘 더 감사합니다

1.

2.

3.

4.

5.

감사함으로 세상은 더욱 아름다워진다.

- 레오 버스카글리아

Date :　　　.　.　.

오늘 더 감사합니다

1.

2.

3.

4.

5.

교만은 감사의 마음을 죽인다.
그러나 겸손한 마음은 감사가 자라게 하는 토양이다.

- 헨리 워드 비처

Date :　　　.　.　.

오늘 더 감사합니다

1.

2.

3.

4.

5.

감사는 말로 하든 행동으로 하든 상관없이
인간다운 최고의 미덕이다.

- 조셉 바버 라이트풋

Date :   .   .   .

오늘 더 감사합니다

1.
....
2.
....
3.
....
4.
....
5.

달콤한 행복으로 이끄는 비밀,
그것은 바로 '고맙습니다'라는 한마디다.

- 데보라 노빌

Date :   .   .   .

오늘 더 감사합니다

1.
....
2.
....
3.
....
4.
....
5.

<table>
<tr><td>오늘은 감사 시작
　　　일째</td><td>네가 물 가운데로 지날 때에 내가 너와 함께 할 것이라 강을 건널 때에 물이 너를
침몰하지 못할 것이며 네가 불 가운데로 지날 때에 타지도 아니할 것이요 불꽃이
너를 사르지도 못하리니 (이사야 43:2)</td></tr>
</table>

Date :　　　　　　.　　.　　.

일/상/다/감/사

T　Today & Tomorrow | 오늘을 감사하며, 내일을 미리 감사합니다

H　Health & Having | 내가 가진 것과 건강에 감사합니다

A　Advance | 보다 나아진 것들에 감사합니다

N　Nature & Neighbor | 자연과 일터, 이웃에게 감사합니다

K　Kindness | 내가 받은 친절과 배려에 감사합니다

S　Special Person & Spirituality | 나와 가족 그리고 하나님께 감사합니다

감사를 실천합니다

- [ ] 나는 한 주간 감사를 표현했다
- [ ] 내게 일어난 문제를 수용했다
- [ ] 나는 한 주간 나를 존중했다
- [ ] 나는 지난 일주일을 만족했다
- [ ] 한 주간 불평과 불만에 대해 반성했다
- [ ] 나는 사람들에게 친절과 배려를 베풀었다
- [ ] 나는 내게 주어진 재정과 건강에 감사했다
- [ ] 다음주 어떤 일이 일어나도 나는 감사하겠다

나를 위한 응원의 한마디

아침에 눈 뜨자마자 먼저 감사할 일을 머릿속에 그려라.
그것이 행복과 건강을 가져다주는 습관이다.   - 데일 카네기

Date :   .   .   .

오늘 더 감사합니다

1.

2.

3.

4.

5.

감사는 영적 건강의 좌표다.
                                        - 조셉 프라이나데메츠

Date :   .   .   .

오늘 더 감사합니다

1.

2.

3.

4.

5.

오늘은 감사 시작 일째	감사하는 마음밭에는 실망의 씨가 자랄 수 없다.

- 피터 쉐퍼

Date :　　　　.　　.　　.

오늘 더 감사합니다

1.

2.

3.

4.

5.

오늘은 감사 시작 일째	믿음의 동산에서 가장 사랑스러운 꽃은 감사의 꽃이다. 하지만 마음의 동산에서 감사가 사라질 때 그는 죽은 사람과 다름없다.

- 밥 존스

Date :　　　　.　　.　　.

오늘 더 감사합니다

1.

2.

3.

4.

5.

오늘은
감사 시작
　　　일째

특별한 아픔이 특별한 감사를 부른다.

- 벤 존슨

Date :　　　.　.　.

오늘 더 감사합니다

1.

2.

3.

4.

5.

오늘은
감사 시작
　　　일째

누군가는 먹을 것이 있어도 먹을 수 없고, 누군가는 먹고 싶어도 먹을 것이 없다. 그러나
우리는 먹을 것도 있고, 먹을 수도 있다. 그러니 하나님께 감사하라.　　　- 로버트 번스

Date :　　　.　.　.

오늘 더 감사합니다

1.

2.

3.

4.

5.

일/상/다/감/사

T   Today & Tomorrow | 오늘을 감사하며, 내일을 미리 감사합니다

H   Health & Having | 내가 가진 것과 건강에 감사합니다

A   Advance | 보다 나아진 것들에 감사합니다

N   Nature & Neighbor | 자연과 일터, 이웃에게 감사합니다

K   Kindness | 내가 받은 친절과 배려에 감사합니다

S   Special Person & Spirituality | 나와 가족 그리고 하나님께 감사합니다

감사를 실천합니다

- [ ] 나는 한 주간 감사를 표현했다
- [ ] 내게 일어난 문제를 수용했다
- [ ] 나는 한 주간 나를 존중했다
- [ ] 나는 지난 일주일을 만족했다
- [ ] 한 주간 불평과 불만에 대해 반성했다
- [ ] 나는 사람들에게 친절과 배려를 베풀었다
- [ ] 나는 내게 주어진 재정과 건강에 감사했다
- [ ] 다음주 어떤 일이 일어나도 나는 감사하겠다

나를 위한 응원의 한마디

감사를 느끼고 표현하지 않는 것은
선물을 포장하지 않고 주는 것과 같다.　　　　　　- 윌리엄 아서 워드

Date :　　　　.　　.　　.

오늘 더 감사합니다

1.

2.

3.

4.

5.

행복과 풍요로운 인생은 '감사합니다'라는 간단한 말로 시작하며,
그때부터 인생은 가볼 만한 여행이 된다.　　　　　- 린다 캐플런 탈러

Date :　　　　.　　.　　.

오늘 더 감사합니다

1.

2.

3.

4.

5.

<table>
<tr><td>오늘은
감사 시작
□ 일째</td><td>하나님은 항상 감사하는 자에게 축복을 주시며, 교만한 자의 손에서는 그의
축복을 거두시나 겸손한 자에게는 언제나 허락하신다.　- 토마스 아 켐피스
Date :　　．　　．　　．</td></tr>
</table>

오늘 더 감사합니다

1.
....

2.
....

3.
....

4.
....

5.

<table>
<tr><td>오늘은
감사 시작
□ 일째</td><td>감사가 인생의 기초석이 될 때
기적은 어디에서나 일어나기 시작한다.　　　- 장 드 라브뤼예르
Date :　　．　　．　　．</td></tr>
</table>

오늘 더 감사합니다

1.
....

2.
....

3.
....

4.
....

5.

오늘은
감사 시작
___ 일째

감사하는 마음으로 받는 사람들에게는
풍부한 수확이 있다.
                                        - 윌리엄 블레이크

Date :   .   .   .

오늘 더 감사합니다

1.
....
2.

3.
....
4.

5.

오늘은
감사 시작
___ 일째

이 세상에서 가장 부유한 사람은 누구인가?
자기가 가진 것에 만족하면서 감사하는 사람이다.
                                        - 탈무드

Date :   .   .   .

오늘 더 감사합니다

1.
....
2.

3.
....
4.

5.

오늘은 감사 시작 일째	공중의 새를 보라 심지도 않고 거두지도 않고 창고에 모아들이지도 아니하되 너희 하늘 아버지께서 기르시나니 너희는 이것들보다 귀하지 아니하냐 (마태복음 6:26)

Date :   .   .   .

일/상/다/감/사

T   Today & Tomorrow | 오늘을 감사하며, 내일을 미리 감사합니다

H   Health & Having | 내가 가진 것과 건강에 감사합니다

A   Advance | 보다 나아진 것들에 감사합니다

N   Nature & Neighbor | 자연과 일터, 이웃에게 감사합니다

K   Kindness | 내가 받은 친절과 배려에 감사합니다

S   Special Person & Spirituality | 나와 가족 그리고 하나님께 감사합니다

감사를 실천합니다

- ☐ 나는 한 주간 감사를 표현했다
- ☐ 내게 일어난 문제를 수용했다
- ☐ 나는 한 주간 나를 존중했다
- ☐ 나는 지난 일주일을 만족했다
- ☐ 한 주간 불평과 불만에 대해 반성했다
- ☐ 나는 사람들에게 친절과 배려를 베풀었다
- ☐ 나는 내게 주어진 재정과 건강에 감사했다
- ☐ 다음주 어떤 일이 일어나도 나는 감사하겠다

나를 위한 응원의 한마디

남에게 베푼 것은 기억하지 말라.
하지만 남에게 받은 은혜는 잊지 말라.
　　　　　　　　　　　　　　　　　　　　　　　　- 바이런

Date :　　　　　.　　.　　.

오늘 더 감사합니다

1.
....
2.
....
3.
....
4.
....
5.

작은 것에 감사하지 않는 사람은
많은 것도 감사하지 않는다.
　　　　　　　　　　　　　　　　　　　　　　　- 애스토니아 속담

Date :　　　　　.　　.　　.

오늘 더 감사합니다

1.
....
2.
....
3.
....
4.
....
5.

<table>
<tr><td>오늘은
감사 시작
___일째</td><td>감사를 많이 한다고 힘든 시기가 오지 않는 것은 아니다. 그러나 감사는 이러한 시기를
큰 상처 없이 잘 넘기게 해 주며, 오히려 삶을 풍성하게 만들어 준다.　- 뇔르 C. 넬슨
Date :　　.　.　.</td></tr>
</table>

오늘 더 감사합니다

1.

2.

3.

4.

5.

<table>
<tr><td>오늘은
감사 시작
___일째</td><td>건강을 증진시키기 위해서는 부정적인 감정 대신 기분 좋은 감정을 느껴야 하
며, 그러기 위해서 가장 손쉬운 방법은 감사하는 것이다.　　- 론다 번
Date :　　.　.　.</td></tr>
</table>

오늘 더 감사합니다

1.

2.

3.

4.

5.

감사의 힘은 전혀 새롭지 않는 일상을 새롭게 해석하여
즐겁게 누릴 수 있는 능력이다

- 필립 왓킨스

Date :　　　　　.　　.　　.

오늘 더 감사합니다

1.
　
2.
　
3.
　
4.
　
5.

신이 우리에게 해 준 좋은 일에 대해 감사한다면
나쁜 일을 두고 슬퍼할 시간이 없다.

- 탈무드

Date :　　　　　.　　.　　.

오늘 더 감사합니다

1.
　
2.
　
3.
　
4.
　
5.

모든 일에 감사하십시오. 이것은 그리스도 예수님 안에서 여러분을 위한 하나님의 뜻입니다. (데살로니가전서 5:18, 현대인의성경)

Date :　　　　. 　 . 　 .

일/상/다/감/사

T Today & Tomorrow | 오늘을 감사하며, 내일을 미리 감사합니다

H Health & Having | 내가 가진 것과 건강에 감사합니다

A Advance | 보다 나아진 것들에 감사합니다

N Nature & Neighbor | 자연과 일터, 이웃에게 감사합니다

K Kindness | 내가 받은 친절과 배려에 감사합니다

S Special Person & Spirituality | 나와 가족 그리고 하나님께 감사합니다

감사를 실천합니다

- 나는 한 주간 감사를 표현했다
- 내게 일어난 문제를 수용했다
- 나는 한 주간 나를 존중했다
- 나는 지난 일주일을 만족했다
- 한 주간 불평과 불만에 대해 반성했다
- 나는 사람들에게 친절과 배려를 베풀었다
- 나는 내게 주어진 재정과 건강에 감사했다
- 다음주 어떤 일이 일어나도 나는 감사하겠다

나를 위한 응원의 한마디

감사는 정신적 건강을 개선하고 만족스러운 인간관계를 유지시켜 주며,
신체적 건강도 증진시킨다.   - 로버트 에몬스

Date :   .   .   .

오늘 더 감사합니다

1.
....
2.
....
3.
....
4.
....
5.

감사야말로 모든 행복의 시금석이다.

                                        - G. K. 채스터턴

Date :   .   .   .

오늘 더 감사합니다

1.
....
2.
....
3.
....
4.
....
5.

지독한 가난, 허약한 몸, 짧은 가방끈은
나의 가장 큰 세 가지 감사다.

- 마쓰시타 고노스케

Date : . . .

오늘 더 감사합니다

1.

2.

3.

4.

5.

인생에서 가장 멋진 일은
모든 일에 감사하는 것이다.

- 알버트 슈바이처

Date : . . .

오늘 더 감사합니다

1.

2.

3.

4.

5.

오늘은 감사 시작 ◻ 일째	감사에는 두 가지가 있다. 하나는 우리가 받을 때 느끼는 갑작스러운 감사이 며, 다른 하나는 우리가 줄 때 느끼는 더 큰 감사다. - 에드윈 앨링턴 로빈슨

Date :   .   .   .

오늘 더 감사합니다

1.

2.

3.

4.

5.

오늘은 감사 시작 ◻ 일째	지금 가진 것에 만족하고 현실을 있는 그대로 즐겨라. 부족함이 없다고 느낄 때 온 세상이 그대의 소유가 된다. - 노자

Date :   .   .   .

오늘 더 감사합니다

1.

2.

3.

4.

5.

<table>
| 오늘은 감사 시작 일째 | 그러므로 우리가 흔들리지 않는 나라를 받았은즉 은혜를 받자 이로 말미암아 경건함과 두려움으로 하나님을 기쁘시게 섬길지니 (히 12:28) |
</table>

Date :　　　．　　．　　．

일/상/다/감/사

T　Today & Tomorrow | 오늘을 감사하며, 내일을 미리 감사합니다

H　Health & Having | 내가 가진 것과 건강에 감사합니다

A　Advance | 보다 나아진 것들에 감사합니다

N　Nature & Neighbor | 자연과 일터, 이웃에게 감사합니다

K　Kindness | 내가 받은 친절과 배려에 감사합니다

S　Special Person & Spirituality | 나와 가족 그리고 하나님께 감사합니다

감사를 실천합니다

- 나는 한 주간 감사를 표현했다
- 내게 일어난 문제를 수용했다
- 나는 한 주간 나를 존중했다
- 나는 지난 일주일을 만족했다

- 한 주간 불평과 불만에 대해 반성했다
- 나는 사람들에게 친절과 배려를 베풀었다
- 나는 내게 주어진 재정과 건강에 감사했다
- 다음주 어떤 일이 일어나도 나는 감사하겠다

나를 위한 응원의 한마디

매일의 일상에서 좋은 일을 찾아내고 감사하는 것은
우리의 무한한 잠재력을 모으는 시초가 된다.   - 데보라 노빌

Date :　　　　　.　　.　　.

오늘 더 감사합니다

1.
....

2.
....

3.
....

4.
....

5.

삶을 바꾸기 위해 할 수 있는 일 중 한 가지는 가진 것에 감사하는 것이다.
많이 감사할수록 더 많이 얻게 된다.   - 오프라 윈프리

Date :　　　　　.　　.　　.

오늘 더 감사합니다

1.
....

2.
....

3.
....

4.
....

5.

하나님은 하루에만 8만 6,400초라는 시간을 선물을 주셨다. 하루 1초라도 '고맙습니다'라는 말을 하는 데 사용하는지 자문해 보라!   - 윌리엄 아서 워드

Date :   .   .   .

오늘 더 감사합니다

1.

2.

3.

4.

5.

나는 감옥에서도 물을 마시며 감사했고, 음식을 먹으며 감사했고, 강제 노동을 할 때도 감사했다. 그랬더니 세상의 모든 즐거움이 나를 감쌌다. - 넬슨 만델라

Date :   .   .   .

오늘 더 감사합니다

1.

2.

3.

4.

5.

감사하는 마음에는 언제나 축복의 축제가 열린다.

- 윌리엄 J. 캐머런

Date : . . .

오늘 더 감사합니다

1.
....
2.
....
3.
....
4.
....
5.

우리는 우리 마음속에 불꽃을 피워 준 사람들에게
깊이 감사해야 할 이유가 있다.

- 알버트 슈바이처

Date : . . .

오늘 더 감사합니다

1.
....
2.
....
3.
....
4.
....
5.

오늘은 감사 시작 일째	여호와는 나의 힘과 나의 방패이시니 내 마음이 그를 의지하여 도움을 얻었도다 그러므로 내 마음이 크게 기뻐하며 내 노래로 그를 찬송하리로다 (시편 28:7)

Date :　　　　.　.　.

일/상/다/감/사

T　Today & Tomorrow | 오늘을 감사하며, 내일을 미리 감사합니다

H　Health & Having | 내가 가진 것과 건강에 감사합니다

A　Advance | 보다 나아진 것들에 감사합니다

N　Nature & Neighbor | 자연과 일터, 이웃에게 감사합니다

K　Kindness | 내가 받은 친절과 배려에 감사합니다

S　Special Person & Spirituality | 나와 가족 그리고 하나님께 감사합니다

감사를 실천합니다

- 나는 한 주간 감사를 표현했다
- 내게 일어난 문제를 수용했다
- 나는 한 주간 나를 존중했다
- 나는 지난 일주일을 만족했다

- 한 주간 불평과 불만에 대해 반성했다
- 나는 사람들에게 친절과 배려를 베풀었다
- 나는 내게 주어진 재정과 건강에 감사했다
- 다음주 어떤 일이 일어나도 나는 감사하겠다

나를 위한 응원의 한마디

| 오늘은
감사 시작
___ 일째 | 감사하는 마음을 가지면
세상 모든 사람이 당신의 친구이자 가족이 된다.　　　- 존 디마티니
Date :　　.　.　. |

오늘 더 감사합니다

1.
....
2.
....
3.
....
4.
....
5.

| 오늘은
감사 시작
___ 일째 | 현재의 순간에 감사하면
삶의 영적인 차원이 열리게 된다.　　　- 에크하르트 톨레
Date :　　.　.　. |

오늘 더 감사합니다

1.
....
2.
....
3.
....
4.
....
5.

오늘은 감사 시작	내 인생의 사람들에게 감사하면 그들은 내게 감사한다.

- 닐 도널드 월쉬

일째　Date :　　　.　　.　　.

오늘 더 감사합니다

1.
　　...
2.
　　...
3.
　　...
4.
　　...
5.

오늘은 감사 시작	어제는 잊어라. 어제는 이미 당신을 잊었다. 내일을 걱정하지 마라. 아직 내일과 마 주치지도 않았다. 대신에 귀한 선물인 오늘에 눈과 마음을 열어라.- 스티브 마라볼리

일째　Date :　　　.　　.　　.

오늘 더 감사합니다

1.
　　...
2.
　　...
3.
　　...
4.
　　...
5.

오늘은
감사 시작
☐ 일째

이래도 감사, 저래도 감사,
그래도 감사하자.

- 고도원

Date :　　　.　　.　　.

오늘 더 감사합니다

1.
2.
3.
4.
5.

오늘은
감사 시작
☐ 일째

물이 '감사하다'라는 말을 듣고 아름다운 형태로 변하듯 우리 영혼도
감사의 말을 들으면 가장 아름다운 모습으로 변한다.　　- 에모토 마사루

Date :　　　.　　.　　.

오늘 더 감사합니다

1.
2.
3.
4.
5.

56

일/상/다/감/사

T Today & Tomorrow | 오늘을 감사하며, 내일을 미리 감사합니다

....

H Health & Having | 내가 가진 것과 건강에 감사합니다

....

A Advance | 보다 나아진 것들에 감사합니다

....

N Nature & Neighbor | 자연과 일터, 이웃에게 감사합니다

....

K Kindness | 내가 받은 친절과 배려에 감사합니다

....

S Special Person & Spirituality | 나와 가족 그리고 하나님께 감사합니다

감사를 실천합니다

- ☐ 나는 한 주간 감사를 표현했다
- ☐ 내게 일어난 문제를 수용했다
- ☐ 나는 한 주간 나를 존중했다
- ☐ 나는 지난 일주일을 만족했다

- ☐ 한 주간 불평과 불만에 대해 반성했다
- ☐ 나는 사람들에게 친절과 배려를 베풀었다
- ☐ 나는 내게 주어진 재정과 건강에 감사했다
- ☐ 다음주 어떤 일이 일어나도 나는 감사하겠다

나를 위한 응원의 한마디

감사는 자신과 타인의 비교에서 생기는 나쁜 감정을 완화시킨다.
- 로버트 에먼스

Date :　　　　.　.　.

오늘 더 감사합니다

1.

2.

3.

4.

5.

위대한 성자는 기도, 금식, 자선을 많이 한 사람이 아니라
범사에 감사하는 사람이다.
- 윌리엄 로우

Date :　　　　.　.　.

오늘 더 감사합니다

1.

2.

3.

4.

5.

감사하는 모든 작용에는
언제나 돌려받는 반작용이 따른다.

- 론다 번

Date :　　　　　.　　.　　.

오늘 더 감사합니다

1.
2.
3.
4.
5.

물이 반만 차 있다고 투덜대지 말고,
병 속에 아직 반이 남아 있음을 감사하라.

- 인도 속담

Date :　　　　　.　　.　　.

오늘 더 감사합니다

1.
2.
3.
4.
5.

날마다 일어나는 기적에 감사를 표현하는 것,
그것이 매 순간을 특별하게 만드는 가장 좋은 방법이다.   - 웨인 다이어

Date :   .   .   .

오늘 더 감사합니다

1.

2.

3.

4.

5.

감사는 행복과 성공을 방해하는 삶의 환경을 변화시키고
도움이 되는 부분을 강화시키는 힘의 원천이 될 수 있다.   - 볼르 C. 넬슨

Date :   .   .   .

오늘 더 감사합니다

1.

2.

3.

4.

5.

오늘은 감사 시작	기도를 계속하고
일째	기도에 감사함으로 깨어 있으라 (골로새서 4:2)

Date :　　　　　.　　.　　.

일/상/다/감/사

T Today & Tomorrow | 오늘을 감사하며, 내일을 미리 감사합니다

H Health & Having | 내가 가진 것과 건강에 감사합니다

A Advance | 보다 나아진 것들에 감사합니다

N Nature & Neighbor | 자연과 일터, 이웃에게 감사합니다

K Kindness | 내가 받은 친절과 배려에 감사합니다

S Special Person & Spirituality | 나와 가족 그리고 하나님께 감사합니다

감사를 실천합니다

- [ ] 나는 한 주간 감사를 표현했다
- [ ] 내게 일어난 문제를 수용했다
- [ ] 나는 한 주간 나를 존중했다
- [ ] 나는 지난 일주일을 만족했다
- [ ] 한 주간 불평과 불만에 대해 반성했다
- [ ] 나는 사람들에게 친절과 배려를 베풀었다
- [ ] 나는 내게 주어진 재정과 건강에 감사했다
- [ ] 다음주 어떤 일이 일어나도 나는 감사하겠다

나를 위한 응원의 한마디

오늘은
감사 시작
☐ 일째

인생에서 중요한 것은 좋은 스승, 좋은 친구, 좋은 사람을 많이 만나는 것이다. 그리고 그 인간관계의 핵심은 정직과 감사다.　　　　- 다케우치 히토시

Date :　　　.　　.　　.

오늘 더 감사합니다

1.
2.
3.
4.
5.

오늘은
감사 시작
☐ 일째

만약 당신이 매사에 좋은 것을 찾는 데 집중한다면
당신의 삶은 영혼을 살찌우는 감사함으로 가득 차게 될 것이다.　　　- 탈무드

Date :　　　.　　.　　.

오늘 더 감사합니다

1.
2.
3.
4.
5.

하루를 원망하며 사는 것보다 하루를 감사히 받아들이는 것이
자신에 대한 최선의 예의다.

- 배리 스타

Date : 　 　 . 　 . 　 .

오늘 더 감사합니다

1.
....

2.
....

3.
....

4.
....

5.

아침에 일어나면 살아 있다는 것이, 숨을 쉬고 생각을 하고 즐기고
사랑할 수 있다는 것이 얼마나 귀중한 특권인지 생각하라. - 스티브 마라볼리

Date : 　 　 . 　 . 　 .

오늘 더 감사합니다

1.
....

2.
....

3.
....

4.
....

5.

오늘은
감사 시작
　　　일째

작은 감사는 큰 감사를 낳는다.

- 알렉스 헤일리

Date :　　　　　.　　.　　.

오늘 더 감사합니다

1.
....

2.
....

3.
....

4.
....

5.

오늘은
감사 시작
　　　일째

잃은 것, 없어진 것을 한탄할 게 아니라
남아 있는 것을 헤아려 감사하라.

- 해롤드 러셀

Date :　　　　　.　　.　　.

오늘 더 감사합니다

1.
....

2.
....

3.
....

4.
....

5.

64

오늘은 감사 시작 일째	주는 나의 하나님이시라 내가 주께 감사하리이다 주는 나의 하나님이시라 내가 주를 높이리이다 (시편 118:28)

Date :　　　　.　　.　　.

일/상/다/감/사

T　Today & Tomorrow | 오늘을 감사하며, 내일을 미리 감사합니다

H　Health & Having | 내가 가진 것과 건강에 감사합니다

A　Advance | 보다 나아진 것들에 감사합니다

N　Nature & Neighbor | 자연과 일터, 이웃에게 감사합니다

K　Kindness | 내가 받은 친절과 배려에 감사합니다

S　Special Person & Spirituality | 나와 가족 그리고 하나님께 감사합니다

감사를 실천합니다

- [ ] 나는 한 주간 감사를 표현했다
- [ ] 내게 일어난 문제를 수용했다
- [ ] 나는 한 주간 나를 존중했다
- [ ] 나는 지난 일주일을 만족했다
- [ ] 한 주간 불평과 불만에 대해 반성했다
- [ ] 나는 사람들에게 친절과 배려를 베풀었다
- [ ] 나는 내게 주어진 재정과 건강에 감사했다
- [ ] 다음주 어떤 일이 일어나도 나는 감사하겠다

나를 위한 응원의 한마디

65

감사는 훨씬 더 큰 풍요로움을 만들어 낸다.
감사하기는 모든 것을 바꾸는 태도다.

— 닐 도널드 월쉬

Date :   .   .   .

오늘 더 감사합니다

1.

2.

3.

4.

5.

감사할 줄 아는 사람에게 베풀어 주는 사람은
높은 이자로 빌려주는 것과 같다.

— 영국 속담

Date :   .   .   .

오늘 더 감사합니다

1.

2.

3.

4.

5.

오늘은 감사 시작 □ 일째	나의 주된 인생관은, 모든 것을 감사함으로 받고 당연한 것으로 여기지 않도록 연습하는 것이다. - G. K. 체스터턴

Date :   .   .   .

오늘 더 감사합니다

1.

2.

3.

4.

5.

오늘은 감사 시작 □ 일째	모든 것을 순수하고 평화롭게 마음에 간직하는 것이 중요하다. 그러니 모든 맥박에 감사기도를 담고, 모든 숨에 감사의 노래를 담아라. - 콘라트 게스너

Date :   .   .   .

오늘 더 감사합니다

1.

2.

3.

4.

5.

감사를 느끼는 사람은 삶 속에 사랑의 원천이 들어 있다는 사실을
인정하게 된다.
- 로버트 에먼스

Date :　　　　.　　.　　.

오늘 더 감사합니다

1.

2.

3.

4.

5.

모든 상황에 내재한 선을 찾는 데 관심을 기울인다면 어느 순간 당신의 삶은
영혼을 살찌우는 감사로 충만할 것이다.
- 헤럴드 S. 쿠시너

Date :　　　　.　　.　　.

오늘 더 감사합니다

1.

2.

3.

4.

5.

일/상/다/감/사

T   Today & Tomorrow | 오늘을 감사하며, 내일을 미리 감사합니다

H   Health & Having | 내가 가진 것과 건강에 감사합니다

A   Advance | 보다 나아진 것들에 감사합니다

N   Nature & Neighbor | 자연과 일터, 이웃에게 감사합니다

K   Kindness | 내가 받은 친절과 배려에 감사합니다

S   Special Person & Spirituality | 나와 가족 그리고 하나님께 감사합니다

감사를 실천합니다

- 나는 한 주간 감사를 표현했다
- 내게 일어난 문제를 수용했다
- 나는 한 주간 나를 존중했다
- 나는 지난 일주일을 만족했다
- 한 주간 불평과 불만에 대해 반성했다
- 나는 사람들에게 친절과 배려를 베풀었다
- 나는 내게 주어진 재정과 건강에 감사했다
- 다음주 어떤 일이 일어나도 나는 감사하겠다

나를 위한 응원의 한마디

감사는 자부심과 자존감을 높이고 변화와 위기에 대한 대처 능력을 증진시킨다. 감사는 최고의 항암제요, 해독제요, 방부제다.　　　　　- 존 헨리

Date :　　　·　　·　　·

오늘 더 감사합니다

1.
....

2.
....

3.
....

4.
....

5.

장미나무에 가시가 있기 때문에 불평할 수 있고,
가시에 장미가 있기 때문에 기뻐할 수도 있다.　　　　　- 알폰스 카

Date :　　　·　　·　　·

오늘 더 감사합니다

1.
....

2.
....

3.
....

4.
....

5.

만족과 행복을 가장 빨리 찾는 비결은
범사에 감사하는 것이다.

- 윌리엄 로우

Date :　　　　.　　.　　.

오늘 더 감사합니다

1.
....

2.
....

3.
....

4.
....

5.

감사는 충만한 삶으로 향하는 문을 열어준다.

- 멜로디 비티

Date :　　　　.　　.　　.

오늘 더 감사합니다

1.
....

2.
....

3.
....

4.
....

5.

감사만이 꽃길이다. 누구도 다치지 않고 걸어가는 향기 나는 꽃길이다. 감사만이 보석이다. 슬프고 힘들 때 감사할 수 있다면 삶은 어느 순간 보석으로 빛난다. - 이해인

Date :   .   .   .

오늘 더 감사합니다

1.

2.

3.

4.

5.

사람이 사람의 은혜를 모르면
하나님의 은혜는 생각조차 못하게 된다.
                                                    - 탈무드

Date :   .   .   .

오늘 더 감사합니다

1.

2.

3.

4.

5.

오늘은 감사 시작
일째

말할 수 없는 그의 은사로 말미암아
하나님께 감사하노라 (고린도후서 9:15)

Date :　　　　　.　　.　　.

일/상/다/감/사

T　Today & Tomorrow | 오늘을 감사하며, 내일을 미리 감사합니다

H　Health & Having | 내가 가진 것과 건강에 감사합니다

A　Advance | 보다 나아진 것들에 감사합니다

N　Nature & Neighbor | 자연과 일터, 이웃에게 감사합니다

K　Kindness | 내가 받은 친절과 배려에 감사합니다

S　Special Person & Spirituality | 나와 가족 그리고 하나님께 감사합니다

감사를 실천합니다

- 나는 한 주간 감사를 표현했다
- 내게 일어난 문제를 수용했다
- 나는 한 주간 나를 존중했다
- 나는 지난 일주일을 만족했다

- 한 주간 불평과 불만에 대해 반성했다
- 나는 사람들에게 친절과 배려를 베풀었다
- 나는 내게 주어진 재정과 건강에 감사했다
- 다음주 어떤 일이 일어나도 나는 감사하겠다

나를 위한 응원의 한마디

모든 시련이
결국에는 축복이 되기 마련이다.

- 리처드 바크

Date :　　　　.　　.　　.

오늘 더 감사합니다

1.

2.

3.

4.

5.

감사는 인간의 스트레스 관리에 핵심적인 역할을 한다.

- 한스 셀리

Date :　　　　.　　.　　.

오늘 더 감사합니다

1.

2.

3.

4.

5.

감사를 표할 때 최고의 감사는 말로 하는 게 아니라
그에 걸맞게 생활하는 것임을 잊지 말아야 한다.   - 존 F. 케네디

Date :   .   .   .

오늘 더 감사합니다

1.
....
2.
....
3.
....
4.
....
5.

우리는 행복이 우리에게 없는 것을 얻는 데서 오는 게 아니라 우리가 가진 것을 인식
하고 감사하는 데서 온다는 사실을 망각하는 경향이 있다.   - 프리드리히 코에닉

Date :   .   .   .

오늘 더 감사합니다

1.
....
2.
....
3.
....
4.
....
5.

오늘은
감사 시작
___ 일째

감사하는 마음보다 더 영광스러운 것은 없다.
- 세네카

Date :   .   .   .

오늘 더 감사합니다

1.
2.
3.
4.
5.

오늘은
감사 시작
___ 일째

우리 마음이 자신의 보물을 인식하는 순간에만
우리가 살아 있다고 말할 수 있다.
- 손턴 와일더

Date :   .   .   .

오늘 더 감사합니다

1.
2.
3.
4.
5.

오늘은 감사 시작
일째

그리스도의 평강이 너희 마음을 주장하게 하라 너희는 평강을 위하여 한 몸으로 부르심을 받았나니 너희는 또한 감사하는 자가 되라 (골로새서 3:15)

Date :   .   .   .

일/상/다/감/사

T   Today & Tomorrow | 오늘을 감사하며, 내일을 미리 감사합니다

H   Health & Having | 내가 가진 것과 건강에 감사합니다

A   Advance | 보다 나아진 것들에 감사합니다

N   Nature & Neighbor | 자연과 일터, 이웃에게 감사합니다

K   Kindness | 내가 받은 친절과 배려에 감사합니다

S   Special Person & Spirituality | 나와 가족 그리고 하나님께 감사합니다

감사를 실천합니다

- ☐ 나는 한 주간 감사를 표현했다
- ☐ 내게 일어난 문제를 수용했다
- ☐ 나는 한 주간 나를 존중했다
- ☐ 나는 지난 일주일을 만족했다

- ☐ 한 주간 불평과 불만에 대해 반성했다
- ☐ 나는 사람들에게 친절과 배려를 베풀었다
- ☐ 나는 내게 주어진 재정과 건강에 감사했다
- ☐ 다음주 어떤 일이 일어나도 나는 감사하겠다

나를 위한 응원의 한마디

오늘은
감사 시작
___ 일째

감사하지 않는 사람보다 더 가난한 사람은 없다. 감사는 우리 스스로 주조하고 파산에 대한 두려움 없이 쓸 수 있는 화폐와 같다.   - 프레드 드 위트 반 앰버그

Date :   .   .   .

오늘 더 감사합니다

1.
2.
3.
4.
5.

오늘은
감사 시작
___ 일째

우리의 감사가 행동으로 이어지기를 바란다. 감사를 표현하기 바란다. 길에서 서로 만날 때 미소를 짓고, 우리의 재능을 다른 사람들과 나눌 기회를 찾고, 서로에게 사랑을 표현하고, 받기를 바라지 않고 베풀기를 바란다.   - 마랄리 고든

Date :   .   .   .

오늘 더 감사합니다

1.
2.
3.
4.
5.

감사하지 않는 마음은 자비를 발견하지 못한다. 그러나 감사하는 마음은
매 시간마다 하늘의 축복을 얻게 될 것이다.   - 헨리 워드 비처

Date :   .   .   .

오늘 더 감사합니다

1.

2.

3.

4.

5.

하나님에게는 두 개의 거처가 있다. 하나는 하늘에 있고,
다른 하나는 온유하고 감사하는 마음에 있다.   - 아이작 월튼

Date :   .   .   .

오늘 더 감사합니다

1.

2.

3.

4.

5.

감사를 말하는 것은 예의 바르고 유쾌하며, 감사를 실천하는 것은 관대하고
고귀하며, 감사하는 생활은 천국에 닿는다.　　　　　- 요하네스 A. 가엘트너

Date :　　　　　.　　.　　.

오늘 더 감사합니다

1.

2.

3.

4.

5.

침묵으로 감사하는 것은 아무에게도 소용이 없다.

- 거트루드 스타인

Date :　　　　　.　　.　　.

오늘 더 감사합니다

1.

2.

3.

4.

5.

오늘은 감사 시작	하나님께서 지으신 모든 것이 선하매
일째	감사함으로 받으면 버릴 것이 없나니 (디모데전서 4:4)

Date :   .   .   .

일/상/다/감/사

T Today & Tomorrow | 오늘을 감사하며, 내일을 미리 감사합니다

H Health & Having | 내가 가진 것과 건강에 감사합니다

A Advance | 보다 나아진 것들에 감사합니다

N Nature & Neighbor | 자연과 일터, 이웃에게 감사합니다

K Kindness | 내가 받은 친절과 배려에 감사합니다

S Special Person & Spirituality | 나와 가족 그리고 하나님께 감사합니다

감사를 실천합니다

- [ ] 나는 한 주간 감사를 표현했다
- [ ] 내게 일어난 문제를 수용했다
- [ ] 나는 한 주간 나를 존중했다
- [ ] 나는 지난 일주일을 만족했다
- [ ] 한 주간 불평과 불만에 대해 반성했다
- [ ] 나는 사람들에게 친절과 배려를 베풀었다
- [ ] 나는 내게 주어진 재정과 건강에 감사했다
- [ ] 다음주 어떤 일이 일어나도 나는 감사하겠다

나를 위한 응원의 한마디

오늘 더 감사합니다

1.

2.

3.

4.

5.

오늘 더 감사합니다

1.

2.

3.

4.

5.

오늘은
감사 시작
일째

감사는 삶을 선물로 경험하는 능력이다.
감사는 자기 집착의 감옥에서 우리를 해방시킨다.   - 존 오트버그

Date :   .   .   .

오늘 더 감사합니다

1.
....
2.
....
3.
....
4.
....
5.

오늘은
감사 시작
일째

감사하다고 해서 모든 것이 반드시 좋은 것은 아니다.
그것은 단지 당신이 그것을 선물로 받아들일 수 있다는 의미다.   - 로이 T. 베넷

Date :   .   .   .

오늘 더 감사합니다

1.
....
2.
....
3.
....
4.
....
5.

감사는 놀라운 일이다. 다른 사람의 뛰어난 점을
우리에게도 속하게 만들기 때문이다.
— 볼테르

Date :　　.　　.　　.

오늘 더 감사합니다

1.

2.

3.

4.

5.

감사하지 않는 사람은
곧 모든 것에 대해 불평하기 시작한다.
— 토머스 머튼

Date :　　.　　.　　.

오늘 더 감사합니다

1.

2.

3.

4.

5.

오늘은 감사 시작 일째	그러므로 너희가 그리스도 예수를 주로 받았으니 그 안에서 행하되 그 안에 뿌리를 박으며 세움을 받아 교훈을 받은 대로 믿음에 굳게 서서 감사함을 넘치게 하라 (골로새서 2:6-7)

Date :   .   .   .

일/상/다/감/사

T   Today & Tomorrow | 오늘을 감사하며, 내일을 미리 감사합니다

H   Health & Having | 내가 가진 것과 건강에 감사합니다

A   Advance | 보다 나아진 것들에 감사합니다

N   Nature & Neighbor | 자연과 일터, 이웃에게 감사합니다

K   Kindness | 내가 받은 친절과 배려에 감사합니다

S   Special Person & Spirituality | 나와 가족 그리고 하나님께 감사합니다

감사를 실천합니다

- ☐ 나는 한 주간 감사를 표현했다
- ☐ 내게 일어난 문제를 수용했다
- ☐ 나는 한 주간 나를 존중했다
- ☐ 나는 지난 일주일을 만족했다

- ☐ 한 주간 불평과 불만에 대해 반성했다
- ☐ 나는 사람들에게 친절과 배려를 베풀었다
- ☐ 나는 내게 주어진 재정과 건강에 감사했다
- ☐ 다음주 어떤 일이 일어나도 나는 감사하겠다

나를 위한 응원의 한마디

85

오늘은
감사 시작
___ 일째

감사는 가장 아름다운 예의다.

- 자크 마리탱

Date :   .   .   .

오늘 더 감사합니다

1.

2.

3.

4.

5.

오늘은
감사 시작
___ 일째

당신이 원하는 것이 당신이 가지고 있는 것을
잊어버리게 만들지 말라.

- 산치타 판데이

Date :   .   .   .

오늘 더 감사합니다

1.

2.

3.

4.

5.

오늘은 감사 시작 ___ 일째	가장 소박한 것에서 아름다움을 찾는 힘은 가정을 행복하게 만들고 인생을 사랑스럽게 만든다. - 루이자 메이 올컷

오늘 더 감사합니다

Date :   .   .

1.

2.

3.

4.

5.

오늘은 감사 시작 ___ 일째	감사는 인간의 가장 강력한 감정 중 하나다. 일단 표현되면 태도가 바뀌고 전망이 밝아지며, 우리의 관점이 넓어진다. - 저머니 켄트

오늘 더 감사합니다

Date :   .   .

1.

2.

3.

4.

5.

감사는 부자이고 불평은 가난이다.
- 도리스 데이

Date :　　　　.　　.　　.

오늘 더 감사합니다

1.
2.
3.
4.
5.

기쁨은 감사의 가장 단순한 형태다.
- 칼 바르트

Date :　　　　.　　.　　.

오늘 더 감사합니다

1.
2.
3.
4.
5.

오늘은 감사 시작	누추함과 어리석은 말이나 희롱의 말이 마땅치 아니하니
일째	오히려 감사하는 말을 하라 (에베소서 5:4)

Date :   .   .   .

일/상/다/감/사

T   Today & Tomorrow | 오늘을 감사하며, 내일을 미리 감사합니다

H   Health & Having | 내가 가진 것과 건강에 감사합니다

A   Advance | 보다 나아진 것들에 감사합니다

N   Nature & Neighbor | 자연과 일터, 이웃에게 감사합니다

K   Kindness | 내가 받은 친절과 배려에 감사합니다

S   Special Person & Spirituality | 나와 가족 그리고 하나님께 감사합니다

감사를 실천합니다

- [ ] 나는 한 주간 감사를 표현했다
- [ ] 내게 일어난 문제를 수용했다
- [ ] 나는 한 주간 나를 존중했다
- [ ] 나는 지난 일주일을 만족했다

- [ ] 한 주간 불평과 불만에 대해 반성했다
- [ ] 나는 사람들에게 친절과 배려를 베풀었다
- [ ] 나는 내게 주어진 재정과 건강에 감사했다
- [ ] 다음주 어떤 일이 일어나도 나는 감사하겠다

나를 위한 행복의 메시지

89

죽은 이들을 기리는 최고의 찬사는
슬픔이 아니라 감사다.　　　　　　　　　　　　　　- 손턴 와일더

Date :　　　　.　　.　　.

오늘 더 감사합니다

1.

2.

3.

4.

5.

가진 것에 감사하라. 당신은 결국 더 많은 것을 갖게 될 것이다. 그러나 가지고 있지
않은 것에 집중한다면 당신은 결코 충분하지 않을 것이다.　　　　- 오프라 윈프리

Date :　　　　.　　.　　.

오늘 더 감사합니다

1.

2.

3.

4.

5.

<table>
<tr><td>오늘은
감사 시작
일째</td><td>피글렛은 비록 자신의 마음이 아주 작음에도 불구하고
그 마음에 상당한 양의 감사를 담을 수 있다는 것을 알아차렸다. - A. A. 밀른
Date :   .   .   .</td></tr>
</table>

오늘 더 감사합니다

1.

2.

3.

4.

5.

<table>
<tr><td>오늘은
감사 시작
일째</td><td>이제 만족과 감사를 선택하는 것은 우리에게 달려 있다. 행복해지기 전에 모든
것이 완벽해야 한다는 상상을 멈추는 것은 우리에게 달려 있다. - 조안나 게인즈
Date :   .   .   .</td></tr>
</table>

오늘 더 감사합니다

1.

2.

3.

4.

5.

인생에서 이미 누리고 있는 좋은 점을 인정하는 것이
모든 풍요의 기초다.

- 에크하르트 톨레

Date :   .   .   .

오늘 더 감사합니다

1.

2.

3.

4.

5.

감사는 존재의 가장 강력하고 변혁적인 상태 중 하나다. 그것은 당신의 관점을 부족함에서 풍요
로움으로 바꾸고 당신의 삶에서 좋은 점에 집중할 수 있게 해 주며, 결과적으로 더 많은 선함을 현
실로 끌어당긴다.

- 젠 신세로

Date :   .   .   .

오늘 더 감사합니다

1.

2.

3.

4.

5.

오늘은 감사 시작 | 하나님이여 우리가 주께 감사하고 감사함은 주의 이름이 가까움이라
일째 | 사람들이 주의 기이한 일들을 전파하나이다 (시편 75:1)

Date :   .   .   .

일/상/다/감/사

T Today & Tomorrow | 오늘을 감사하며, 내일을 미리 감사합니다

H Health & Having | 내가 가진 것과 건강에 감사합니다

A Advance | 보다 나아진 것들에 감사합니다

N Nature & Neighbor | 자연과 일터, 이웃에게 감사합니다

K Kindness | 내가 받은 친절과 배려에 감사합니다

S Special Person & Spirituality | 나와 가족 그리고 하나님께 감사합니다

감사를 실천합니다

☐ 나는 한 주간 감사를 표현했다   ☐ 한 주간 불평과 불만에 대해 반성했다
☐ 내게 일어난 문제를 수용했다   ☐ 나는 사람들에게 친절과 배려를 베풀었다
☐ 나는 한 주간 나를 존중했다   ☐ 나는 내게 주어진 재정과 건강에 감사했다
☐ 나는 지난 일주일을 만족했다   ☐ 다음주 어떤 일이 일어나도 나는 감사하겠다

나를 위한 응원의 한마디

때때로 하나님은 발가락에 붙어 있는 기적적인 몸에 감사하는 마음을 친절하게 상기시켜 주기 위해 발가락을 찧도록 허락하신다.　　－ 리첼 E. 굿리치

Date :　　　.　　　.　　　.

오늘 더 감사합니다

1.

2.

3.

4.

5.

우리가 감사에 집중할 때 실망의 물결은 물러가고
사랑의 물결이 밀려온다.　　　　　　　　　　－ 크리스틴 암스트롱

Date :　　　.　　　.　　　.

오늘 더 감사합니다

1.

2.

3.

4.

5.

오늘은
감사 시작
　　　일째

당신이 가진 모든 것에 감사하라.
그러면 당신은 있는 그대로 행복해질 수 있다.　　　　　- 맨디 잉버

Date :　　　.　　.　　.

오늘 더 감사합니다

1.

2.

3.

4.

5.

오늘은
감사 시작
　　　일째

감사는 당신이 성장하고 확장하는 데 도움이 된다. 감사는 당신의 삶과
당신 주변의 모든 사람의 삶에 기쁨과 웃음을 가져온다.　　　- 에일린 캐디

Date :　　　.　　.　　.

오늘 더 감사합니다

1.

2.

3.

4.

5.

감사하는 마음으로 사는 것이
은혜로 가는 관문이다.   - 아리아나 허핑턴

Date :   .   .   .

오늘 더 감사합니다

1.

....

2.

....

3.

....

4.

....

5.

감사는 행복을 위한 강력한 촉매제다. 그것은 당신의 영혼에
기쁨의 불을 밝히는 불꽃이다.   - 에이미 콜렛

Date :   .   .   .

오늘 더 감사합니다

1.

....

2.

....

3.

....

4.

....

5.

<table>
<tr><td>오늘은 감사 시작
일째</td><td>범사에 우리 주 예수 그리스도의 이름으로 항상 아버지 하나님께 감사하
며 그리스도를 경외함으로 피차 복종하라 (에베소서 5:20-21)</td></tr>
</table>

Date :　　　　.　　.　　.

일/상/다/감/사

T   Today & Tomorrow | 오늘을 감사하며, 내일을 미리 감사합니다

H   Health & Having | 내가 가진 것과 건강에 감사합니다

A   Advance | 보다 나아진 것들에 감사합니다

N   Nature & Neighbor | 자연과 일터, 이웃에게 감사합니다

K   Kindness | 내가 받은 친절과 배려에 감사합니다

S   Special Person & Spirituality | 나와 가족 그리고 하나님께 감사합니다

감사를 실천합니다

- ☐ 나는 한 주간 감사를 표현했다
- ☐ 내게 일어난 문제를 수용했다
- ☐ 나는 한 주간 나를 존중했다
- ☐ 나는 지난 일주일을 만족했다

- ☐ 한 주간 불평과 불만에 대해 반성했다
- ☐ 나는 사람들에게 친절과 배려를 베풀었다
- ☐ 나는 내게 주어진 재정과 건강에 감사했다
- ☐ 다음주 어떤 일이 일어나도 나는 감사하겠다

나를 위한 응원의 한마디

감사는 기억의 괴로움을
고요한 기쁨으로 바꿔준다.

- 디트리히 본회퍼

Date : 　　　.　　　.

오늘 더 감사합니다

1.

2.

3.

4.

5.

감사함을 표현하는 가장 좋은 방법은 모든 것,
심지어 내 문제까지도 기쁨으로 받아들이는 것이다.

- 테레사 수녀

Date : 　　　.　　　.

오늘 더 감사합니다

1.

2.

3.

4.

5.

오늘은 감사 시작 [ ] 일째	행복하고 도덕적으로 품위 있는 삶에 필요한 모든 것 중 감사를 능가하는 것은 없다. 감사하는 사람은 더 행복하고, 도덕적으로 더 품위 있다.　　　　- 데니스 프레이거 **Date :**　　　.　　.　　.

오늘 더 감사합니다

1.
   ....

2.
   ....

3.
   ....

4.
   ....

5.

오늘은 감사 시작 [ ] 일째	감사는 신성한 감정이다. 터지지 않고 마음을 가득 채운다. 따뜻해지기는 하지만 열이 나지 않는다.　　　　　　　　　- 샬럿 브론테 **Date :**　　　.　　.　　.

오늘 더 감사합니다

1.
   ....

2.
   ....

3.
   ....

4.
   ....

5.

오늘은
감사 시작
⬚ 일째

감사하는 마음이 없으면 그 사람의 인간성에서 뭔가가 빠진 것이다.
사람은 감사에 대한 태도로 거의 정의될 수 있다.　　　　　- 엘리 위젤

Date :　　　　　.　.　.

오늘 더 감사합니다

1.

2.

3.

4.

5.

오늘은
감사 시작
⬚ 일째

감사는 하루를 만들 수 있고 심지어 인생을 바꿀 수도 있다.
그것을 말로 표현하려는 당신의 의지가 필요한 전부다.　　- 마거릿 커즌스

Date :　　　　　.　.　.

오늘 더 감사합니다

1.

2.

3.

4.

5.

오늘은 감사 시작 | 날마다 우리 짐을 지시는 주
일째 | 곧 우리의 구원이신 하나님을 찬송할지로다 (셀라) (시편 68:19)

Date :　　　.　.　.

월/상/다/감/사

T Today & Tomorrow | 오늘을 감사하며, 내일을 미리 감사합니다

H Health & Having | 내가 가진 것과 건강에 감사합니다

A Advance | 보다 나아진 것들에 감사합니다

N Nature & Neighbor | 자연과 일터, 이웃에게 감사합니다

K Kindness | 내가 받은 친절과 배려에 감사합니다

S Special Person & Spirituality | 나와 가족 그리고 하나님께 감사합니다

감사를 실천합니다

- ☐ 나는 한 주간 감사를 표현했다
- ☐ 내게 일어난 문제를 수용했다
- ☐ 나는 한 주간 나를 존중했다
- ☐ 나는 지난 일주일을 만족했다

- ☐ 한 주간 불평과 불만에 대해 반성했다
- ☐ 나는 사람들에게 친절과 배려를 베풀었다
- ☐ 나는 내게 주어진 재정과 건강에 감사했다
- ☐ 다음주 어떤 일이 일어나도 나는 감사하겠다

나를 위한 응원의 한마디

따뜻하고 진실하고 강렬한 감사가 가슴을 사로잡을 때 영혼은 넘쳐흐르게 되며, 다른 감정이나 생각이 들어갈 여지는 거의 남지 않는다. - 존 퀸시 애덤스

Date : 　.　.　.

오늘 더 감사합니다

1.

2.

3.

4.

5.

우리를 행복하게 해 주는 사람들에게 감사하라.
그들은 우리 영혼을 꽃피우는 매력적인 정원사다.　　　- 마르셀 프루스트

Date : 　.　.　.

오늘 더 감사합니다

1.

2.

3.

4.

5.

삶을 사랑하면 삶 또한 내게 사랑을 돌려준다.

- 아르투르 루빈스타인

Date :   .   .   .

오늘 더 감사합니다

1.

2.

3.

4.

5.

기쁨의 초석은 감사다. 기쁜 일이 우리를 감사하게 하는 것이 아니라
감사하는 태도가 우리를 기쁘게 한다.   - 데이비드 스타인들 라스트

Date :   .   .   .

오늘 더 감사합니다

1.

2.

3.

4.

5.

오늘은
감사 시작
　　　일째

멋진 날은 멋진 사고방식과 함께 시작된다. 잘될 것을 생각하라.
그보다 더 좋은 것은 이미 잘되고 있는 일을 생각하는 것이다.　　- 존 가이거

Date :　　　　.　　.　　.

오늘 더 감사합니다

1.

2.

3.

4.

5.

오늘은
감사 시작
　　　일째

아무리 후회해도 과거를 바꿀 수 없고 아무리 걱정해도
미래를 바꿀 순 없지만, 무한한 감사는 현재를 바꿀 수 있다.　　- 로이 T. 베넷

Date :　　　　.　　.　　.

오늘 더 감사합니다

1.

2.

3.

4.

5.

Date :　　　　　.　.　.

일/상/다/감/사

T　Today & Tomorrow | 오늘을 감사하며, 내일을 미리 감사합니다

H　Health & Having | 내가 가진 것과 건강에 감사합니다

A　Advance | 보다 나아진 것들에 감사합니다

N　Nature & Neighbor | 자연과 일터, 이웃에게 감사합니다

K　Kindness | 내가 받은 친절과 배려에 감사합니다

S　Special Person & Spirituality | 나와 가족 그리고 하나님께 감사합니다

감사를 실천합니다

- ☐ 나는 한 주간 감사를 표현했다
- ☐ 내게 일어난 문제를 수용했다
- ☐ 나는 한 주간 나를 존중했다
- ☐ 나는 지난 일주일을 만족했다

- ☐ 한 주간 불평과 불만에 대해 반성했다
- ☐ 나는 사람들에게 친절과 배려를 베풀었다
- ☐ 나는 내게 주어진 재정과 건강에 감사했다
- ☐ 다음주 어떤 일이 일어나도 나는 감사하겠다

나를 위한 응원의 한마디

오늘은
감사 시작
___ 일째

감사를 표하는 것은 인간이 서로를 위해 할 수 있는
가장 단순하면서도 가장 강력한 일 중 하나다.   - 랜디 포시

Date :   .   .   .

오늘 더 감사합니다

1.

2.

3.

4.

5.

오늘은
감사 시작
___ 일째

감사는 전기와 특성이 비슷하다. 감사는 존재하기 위해
생산되고 방전되고 소모되어야 한다.   - 윌리엄 포크너

Date :   .   .   .

오늘 더 감사합니다

1.

2.

3.

4.

5.

<table>
<tr><td>오늘은
감사 시작

　　일째</td><td>감사하는 마음은 가장 큰 미덕일 뿐만 아니라
다른 모든 미덕의 어버이다.　　　　　　　　　　- 키케로
Date :　　　　　　.　　.　　.</td></tr>
</table>

오늘 더 감사합니다

1.
....
2.
....
3.
....
4.
....
5.

<table>
<tr><td>오늘은
감사 시작

　　일째</td><td>감사하는 마음은 행복한 마음이다.
감사함과 불행함을 동시에 느낄 수는 없기 때문이다.　　- 더글라스 우드
Date :　　　　　　.　　.　　.</td></tr>
</table>

오늘 더 감사합니다

1.
....
2.
....
3.
....
4.
....
5.

한순간의 감사가 당신의 태도를 변화시킨다.

- 브루스 윌킨슨

Date :   .   .   .

오늘 더 감사합니다

1.

2.

3.

4.

5.

사랑은 세 가지 무조건적인 속성으로 구성된다. 수용, 이해 그리고 감사다. 이 중 하나라
도 제거하면 삼각형은 무너지고 2차원 세계에서 살게 될 것이다.   - 베라 나자리언

Date :   .   .   .

오늘 더 감사합니다

1.

2.

3.

4.

5.

일/상/다/감/사

T Today & Tomorrow | 오늘을 감사하며, 내일을 미리 감사합니다

H Health & Having | 내가 가진 것과 건강에 감사합니다

A Advance | 보다 나아진 것들에 감사합니다

N Nature & Neighbor | 자연과 일터, 이웃에게 감사합니다

K Kindness | 내가 받은 친절과 배려에 감사합니다

S Special Person & Spirituality | 나와 가족 그리고 하나님께 감사합니다

감사를 실천합니다

- 나는 한 주간 감사를 표현했다
- 내게 일어난 문제를 수용했다
- 나는 한 주간 나를 존중했다
- 나는 지난 일주일을 만족했다

- 한 주간 불평과 불만에 대해 반성했다
- 나는 사람들에게 친절과 배려를 베풀었다
- 나는 내게 주어진 재정과 건강에 감사했다
- 다음주 어떤 일이 일어나도 나는 감사하겠다

나를 위한 응원의 한마디

109

 나 자신이 선물이다

> 나에게 감사해 봅시다. 나의 긍정적인 성격이나 장점, 재능, 능력, 독특한 개성, 성취한
> 일, 내가 주변 사람에게 미치는 영향력 등을 감사일기에 기록해 봅시다.

01. 육십이 넘었지만 여전히 '미래를 향한 비전과 설레는 꿈'을 꾸고 있는 나 자신에 게 감사합니다.

02. 오전과 저녁에 미디어 사용 시간을 제한하고, 이를 잘 실천하고 있는 나에게 감사합니다.

03. 부부관계의 어려움 때문에 내게 도움을 받았던 사람이 찾아와서 행복한 모습으로 감사 인사를 해 주었습니다. 누군가에게 '필요한 존재'로 살고 있음을 확인하면서 나 자신에게 감사합니다.

04. 비 오는 겨울 오후에 몸도 마음도 모두 가라앉아 꼼짝하기 싫은 유혹을 뿌리치고 우산을 쓰고 동네를 한 바퀴 돌면서 산책을 했습니다. 자욱한 안개가 깔린 조용한 빗길을 걷는데 갑자기 온몸에 포근한 기운이 돌더니 마음이 밝아지고 활력이 생겼습니다. '행동하면 커지는 감사가 바로 이것이구나!' 하고 깨닫는 순간이었습니다. 집콕의 유혹을 물리치고 비 오는 날씨에도 불구하고 산책하러 나간 나의 의지력에 감사합니다.

05. 폴 트루니에의 『모험으로 사는 인생』을 읽으면서 인간 이해의 또 다른 측면을 배우고 생각하는 시간이었습니다. 아직도 지적 호기심이 충만해서 책을 좋아하고 배우기를 즐거워하는 나 자신에게 감사합니다.

06. 감사일기 출간에 필요한 자료 정리를 끝마치고 나니 마음이 홀가분하고 만족스럽습니다. 힘든 가운데 목표를 정하고 이루어내는 나 자신에게 박수를 보내며

110

감사합니다.

 건강이 선물이다

온몸의 상태를 점검해 보면서 기능을 잘하고 있는 신체의 각 부분과 장기들에 대해 감사해 봅시다.

01. 지금까지 돋보기를 안 써도 글씨가 잘 보였고, 한쪽 눈은 원시, 다른 눈은 근시라서 안경도 쓸 필요 없다는 안과 의사의 설명을 들으면서 나의 귀한 보배인 눈에게 감사합니다.

02. 폐암으로 투병 중이지만, 한 번도 호흡 곤란을 겪지 않아서 감사합니다. 폐활량도 좋고 혈중 산소포화도도 정상이니 얼마나 감사한지요. "폐야, 고마워! 지난 5년 동안 힘든 시간을 잘 견뎌주어서 고맙고, 날이 갈수록 건강한 폐로 회복될 것이니 더욱 감사해."

03. 오늘 병원에 가서 피검사와 함께 여러 가지 검사를 했는데 결과가 모두 잘 나왔습니다. 특별한 기저 질환이 없어서 참으로 감사합니다.

04. 건강한 발이 있어 어디든 원하는 곳에 자유롭게 갈 수 있으니 감사합니다. 해변 모래사장에서 맨발 걷기를 하면서 건강을 챙길 수 있게 해 준 소중한 발에게 감사합니다.

 가족이 선물이다

가족의 사랑과 희생, 구체적인 배려와 도움에 대해 감사해 봅시다.

01. 며칠 동안 스트레스를 주는 일이 있어서 시무룩해 있는 나를 위해 자신이 하고 싶은 일을 기꺼이 포기하고 바닷가 드라이브로 기분 전환을 해 준 남편의 자상한 사랑과 배려에 감사합니다.

02. 남편과 아들이 담당의사 면담과 항암 치료 때문에 새벽부터 함께 병원을 오가면서 긴장된 시간을 동행해 주었습니다. 덕분에 편안한 마음으로 치료를 받을 수 있어서 남편과 아들에게 감사합니다.

03. 추수감사절에 아들과 딸이 집에 가지 못하는 친구들을 초대했는데, 둘이서 오손도손하게 할 일을 분담하면서 음식 준비하는 모습이 참으로 대견했습니다. 가족과 친구들을 사랑하는 마음으로 온종일 수고하여 맛있는 음식을 만들고 멋진 파티를 열어준 아들과 딸에게 감사합니다.

04. 아들이 나의 자서전 『아빠의 선물』을 영어로 번역해서 크리스마스 선물로 주었습니다. 한국말을 제대로 이해하기 힘들어서 많은 시간이 걸렸음에도 끝까지 포기하지 않고 번역을 마친 아들의 노력과 성취에 감격하며 감사합니다. 평생 잊을 수 없는 크리스마스 선물이 되었으니 더더욱 감사합니다. 주님, 감사합니다!

05. 딸이 오랜만에 집에 와서 함께 시간을 보내면서 점심으로 맛있는 아보카도 달걀 샌드위치를 만들어 주었습니다. 오늘 하루를 활기차게 살도록 행복 비타민이 되어 준 딸에게 감사합니다.

06. 몇 달 동안 샤워실의 물 조절 손잡이가 고장 나서 비싼 출장비를 지불하고 세 번이나 배관공을 불러 수리를 부탁했습니다. 그럼에도 끝내 고치지 못하고 포기한 일을 남편이 새벽 2시부터 일어나 고쳤습니다. 아, 자랑스러운 나의 문제 해결사, 존경하는 나의 만능기술자 남편에게 무한 감사합니다.

 받은 도움은 모두 소중한 선물이다

친구와 이웃, 동료들이 도와주거나 사랑과 친절을 베푼 일에 대해 구체적으로 감사해 봅시다.

01. 항암 식단 전문가처럼 전복죽과 잣죽, 호박죽과 흑임자죽, 누룽지에 백김치까지 담가 냉장고에 가득 채워주는 고마운 친구, 나를 위해 그 많은 시간을 부엌에서 수고해 준 친구의 사랑에 감동하며 감사합니다.

02. 최고로 맛있는 '양념갈비'를 재워 큰 통에 가득 보내주신 권사님의 사랑과 수고

에 감사합니다.

03. 오늘도 나의 암 치료와 완치를 위해 기도해 주시고 격려와 응원의 메시지를 많은 분이 보내주셨습니다. 고마운 분들의 기도와 격려가 치료에 얼마나 큰 역할을 하는지 잘 알기 때문에 깊은 감사를 드립니다.

04. 오늘도 먼 길 마다하지 않고 방문해서 나를 웃게 만들어 준 친구, 음식을 만들어 주고 밥도 같이 먹어주고, 함께 산책까지 해 준 친구에게 감사합니다.

05. 항암 치료 때문에 입맛이 없어서 체중이 많이 줄었다는 소식을 듣자마자 입맛을 돌게 하는 약 처방과 함께 나의 치료를 위해 매일 특별기도를 해 주시는 박사님 부부에게 감사합니다.

06. 항암 치료 중 힘든 시기에 맞춰 오신 서울 시누이가 2주 동안 아침부터 저녁 식사까지 사랑으로 준비해 주어서 평소보다 많은 음식을 맛있게 먹을 수 있었습니다. 또 냉장고 정리와 부엌살림도 챙겨 주신 데다 나의 걱정거리까지 해결해 주셔서 감사합니다. 잊지 못할 큰 선물을 주신 고모님에게 정말 감사합니다.

07. 한 번도 뵌 적 없는 분이 '마른 과일 종합세트'를 설날 선물로 보내 주셨습니다. "우리 아들이 추수감사절과 크리스마스에 당신의 가족과 함께하면서 외롭지 않게 휴일을 보내게 되어 감사합니다. 당신의 가족이 베풀어 준 따스한 사랑과 환대 덕분에 우리 가족은 아름다운 세상을 경험했습니다. 참으로 감사합니다"라는 내용의 카드를 읽으면서 기분이 참 좋았습니다. 구체적인 감사의 마음을 담아 '깜짝 선물'을 보내준 그 가족에게 감사합니다.

08. 남편과 함께 이탈리아 식당에 갔다가 옆 테이블에 혼자 앉아 있던 인도계 노신사와 이런저런 이야기를 나누며 식사했습니다. 그가 식사를 마치고 먼저 떠나면서 우리 식사비까지 지불했다는 사실을 뒤늦게 알게 되었습니다. 어떻게 처음 본 사람에게 이런 호의를 베풀 수 있을까 생각하니 정말 감동이었습니다. 연락처를 몰라서 그에게 감사를 표현할 길이 없지만, 언젠가 그를 만난다면 감사의 마음을 꼭 전하고 싶습니다. 그 감동의 경험을 하고 나니 우리도 알지 못하는 누군가에게 그분처럼 '깜짝 선물'을 주고 싶었습니다. "하나님, 그 노신사를 축복해 주시고 저희 대신 많은 복으로 갚아 주세요. 그를 통해 이렇게 큰 기쁨의 선물을 주시니 정말 감사합니다!"

 **일터가 선물이다**

직장에 대한 감사, 동료 직원들에 대한 감사, 직장에서 성취한 일들에 대한 감사, 직장이 잘될 수 있도록 자신의 재능과 경험을 유용하게 사용하고 있음에 감사, 그로 인해 더불어 성장하고 있음에 감사해 봅시다.

01. 내가 속해 일할 수 있는 나의 사랑 패밀리터치가 있어서 너무나 행복하고 감사합니다.

02. 내가 가진 '가르침'의 재능과 은사를 사용하여 패밀리터치의 프로그램을 개발하고, 이를 통해 많은 사람들을 행복의 길로 인도할 수 있어서 감사합니다.

03. 오늘 스태프 미팅 중에 감사를 나누는 시간이 참으로 행복했습니다. 자신의 감사를 나누고 다른 스태프들의 감사를 들으면서 입가에 행복한 미소짓는 모습이 귀하고 아름다웠습니다. 감사 나눔이 시너지 효과를 내어 풍성한 '감사잔치'가 되니 너무나 감사합니다.

 자연이 선물이다

자연이 주는 아름다움, 자연이 주는 혜택, 자연이 주는 지혜와 깨달음에 대해 구체적으로 감사해 봅시다.

01. 추운 겨울 아침, 창문을 통해 따스하게 내리쬐는 햇살에 감사합니다. 이 햇살이 내 온몸 깊은 곳까지 들어와 아픈 곳을 치료하는 광선이 되니 더욱 감사합니다. "나를 치료하는 햇빛 고마워! 면역력 향상은 물론, 행복 호르몬인 세로토닌과 비타민 D를 만들어 주는 햇빛 참 고마워."

02. 바람 한 점 없는 날, 소리 없이 내리는 함박눈이 마른 나뭇가지와 푸른 소나무 위로 차곡차곡 쌓이는 것을 바라보면서 평온함과 고요함을 느낄 수 있어 감사합니다. "분주한 내 마음에 평온함을 선물해 준 함박눈아, 고마워."

03. 산책하다가 따스하게 내리쬐는 햇빛을 받으면서 하늘을 바라보노라니 천국에

서 나를 바라보며 웃고 계신 엄마의 모습이 떠오르고, 엄마의 따스한 숨결이 느껴져서 감사합니다. 엄마의 크고 깊고 넓은 사랑에 깊이 감사합니다.

04. 벚꽃과 개나리가 흐드러진 브랜치브룩공원에서 시냇물 소리를 들으며 꽃들의 아름다움에 취해 감탄하면서 '감사 산책'을 하게 되니 너무나 행복하고 감사합니다.

05. 게이트웨이 해변에 나가 바다에서 불어오는 짠 내음을 맡으면서 햇빛에 달궈진 모래사장을 맨발로 걸으니 기분이 상쾌해 날아갈 것 같습니다. "나의 아픈 몸을 치유하고 마음을 정화시켜 주는 바다야 고마워. 바다를 만들어 주신 하나님, 참 감사합니다!"

 ## 내가 가진 것은 모두 선물이다

내가 요긴하게 잘 사용하고 있는 것들에 대해 구체적으로 감사해 봅시다.

01. 매일 사용하는 스마트폰, 너는 언제 어디서나 통화가 가능하고 운전할 땐 GPS가 되어 길치인 나를 친절하게 안내해 주는구나. 유용한 정보와 필요한 지식을 내가 원할 때마다 편리하게 제공해 줘서 너 없이는 살 수 없단다. 스마트폰아, 정말 고맙다.

02. 업무 처리를 위한 최상의 파트너 겸 안내자이자 도우미인 컴퓨터야, 글쓰기와 강의 준비 그리고 프레젠테이션 작업까지 효과적으로 할 수 있도록 도와주니 정말 고마워. 그러고 보니 컴퓨터를 처음 고안하고 발전시켜 준 분들에게도 감사합니다.

03. 나의 발이 되어 준 자동차야, 고마워. 오늘도 나를 직장으로 편하게 데려다주고 마트에 들러 쇼핑한 후 무사히 집에 도착할 수 있도록 하루 종일 나와 함께해 준 나의 애마야, 정말 고마워.

04. 항암 치료 중에 빠진 머리를 가릴 수 있는 가발, 너의 존재에 고마워. 나의 머리카락보다 더 멋지게 제작되어서 착용하면 기분마저 좋아지는 나들이 아이템인 가발이 있으니 미장원에 갈 필요도 없고 머리 손질할 필요가 없어서 시간 절약

까지 해 주는구나. 가발을 쓰고 나가면 너무 멋있다는 말까지 들으니 기분도 짱
이란다. 멋진 가발을 골라 준 분에게도 감사합니다.

05. 차가운 내 몸을 따뜻하게 해 주는 겨울 필수템, 전기요가 있어서 감사합니다. 전
기요 덕분에 침대에 들어서면 얼마나 따스하고 포근한지 감사가 절로 나옵니다.

06. 창문가에 놓인 화초들이 계절에 맞춰 피우는 아름다운 꽃들, 그중에서도 흰색
서양란은 석 달이 지나도 꽃대가 바닥에 닿을 때까지 예쁜 꽃을 계속 피우고 있
구나. 난아! 너를 바라만 봐도 마음이 맑아지고 밝아지게 되어 정말 고마워!

 오늘이 선물이다

내 생애 한 번도 맞아 본 적이 없는 새날, 다시는 오지 않을 오늘 하루와 오늘 내게 주
어진 기회에 감사해 봅시다. 내가 누리고 있는 의식주에 감사하고 일상을 살아갈 에너
지와 건강한 몸, 그리고 소소한 기쁨과 행복한 순간들에 대한 감사를 기록해 봅시다.

01. 지난밤 잘 자고 나서 상쾌한 아침을 맞이할 수 있어서 감사합니다. 창문을 통해
동녘에서 떠오르는 찬란한 해돋이를 보면서 나에게 주어진 오늘 하루도 저렇게
찬란할 것을 생각하니 더더욱 감사합니다.

02. 오늘은 컨디션이 좋아서 빨래와 화장실 청소를 하고 남편을 위해 저녁 식사를
준비할 수 있어서 기쁘고 감사합니다.

03. 식료품점에 들어서자마자 빵 굽는 냄새가 얼마나 좋은지 갑자기 빵이 먹고 싶어
졌습니다. 항암 치료를 하는 지난 8개월 동안 냄새도 싫고 먹기도 싫었는데, 오늘
은 먹고 싶은 생각이 드니 너무나 기쁘고 감사합니다. 오! 주님, 감사합니다.

04. 오늘 아침에 작성한 일정표에 따라 일을 모두 마치고 나니 생산적인 하루를 보
냈다는 생각이 들어서 감사합니다.

05. 오늘 아침에 지인이 보내준 2분짜리 동영상 "새콤한 레몬 맛을 본 아가들의 기
상천외한 반응" 영상을 몇 번씩 다시 보며 실컷 웃을 수 있어서 감사합니다. 나
에게 웃음을 선물해 준 분에게 감사합니다.

06. 입속이 헐어서 오랫동안 매운 것을 먹지 못했는데, 오늘 저녁에는 김치만두를

먹을 수 있어서 너무나 기쁘고 행복하고 감사합니다.

미래가 선물이다

더 좋은 일이 일어날 내일을 감사하고 지금보다 더 나아질 내일을 기대하면서 감사해 봅시다.

01. 내 인생의 하루하루가 더 행복하고, 더 건강하고, 더 보람되고 더 의미 있는 삶이 될 것을 생각하니 정말로 감사합니다.

02. 지금의 항암 치료가 너무 힘들고 괴롭지만, 이 치료가 다 끝난 후 훨씬 더 건강이 좋아질 내 모습을 상상해 보니 기쁘고 가슴이 벅차올라서 감사합니다.

03. 내가 기도한 것보다 더 좋은 것으로 응답하실 주님을 믿기에 미래에 대한 걱정과 불안 대신 희망을 갖게 되어 감사합니다.

조금이라도 나아진 상황이 선물이다

힘들었을 때를 기억하며 감사해 봅시다.

01. 그제 밤엔 4시간 정도밖에 자지 못해서 하루 종일 피곤했는데, 엊저녁에 6시간을 자고 자니 아침 컨디션도 좋고 오늘 하루는 일을 정상적으로 수행할 수 있게 되어 감사합니다.

02. 감기로 거의 한 달이나 산책하지 못했는데, 오늘 날씨가 조금 풀려서 바깥바람을 쐬며 산책을 할 수 있어서 감사합니다. 산책하며 기분까지 좋아지니 더더욱 감사합니다.

03. 몸이 아파 오랫동안 운전하지 못하다가 오늘 직접 운전해서 사무실에 도착하니 감회가 새로웠습니다. 혼자서 운전할 수 있는 힘이 생기고 자신감도 생겨서 감사합니다.

04. 직장 일로 스트레스를 받아 며칠간 몸과 마음도 지치고 힘든 날이었는데, 게이 트웨이 해변에 나가서 하염없이 걷다 보니 마음이 차분해지면서 문제 해결을 위한 아이디어까지 떠올라 감사합니다. 주님, 감사합니다!

 ## 받은 은혜는 모두 선물이다

> 모든 감사는 결국 나에게 모든 것을 베풀어 주신 하나님께로 향하는 것입니다. 하나님의 인도하심과 공급하심, 베풀어 주신 은혜와 기도 응답, 신앙 성장과 깨달음에 대해 감사해 봅시다.

01. 오늘 새벽에 일어나 감사 기도를 드리는데 갑자기 떠오른 성경 구절을 통해 "말씀을 보내어 그들을 고치시고 위험한 지경에서 건져 주시는 하나님"(시편 107:20)께 감사합니다.

02. 시편 말씀을 영어로 읽으면서 눈에 들어오는 문구 "unfailing love(결코 실패하지 않으시는 하나님의 사랑)"이 절절하게 느껴져 감사합니다. '여호와의 인자하심'이란 뜻이 '나를 결코 포기하지 않으시는 하나님의 사랑'이라는 사실을 알게 된 기쁨과 나를 끝까지 사랑해 주시는 하나님 아버지이심에 감사합니다.

03. 내 안에 노래를 주신 하나님을 찬양하며 감사합니다. 침대에 누워 감사기도를 드리다가 갑자기 떠오른 찬양 「주의 자비가 내려와」를 하루 종일 부르면서 은혜를 누리게 하시니 감사합니다.

04. 몸이 아파서 주일 예배에 참석할 수 없지만, 팬데믹 이후 활성화된 온라인 예배 덕분에 집에서도 은혜로운 예배를 드릴 수 있어서 감사합니다. 주님, 감사합니다.

엮은이 | 정정숙

미국 뉴저지에 소재한 비영리 가족교육기관인 '패밀리터치(Family Touch)'의 설립자이자 원장으로서 20년 넘게 한인 이민 가정들을 건강하게 세우고 교회의 가정 사역을 돕는 일에 헌신하고 있다. 패밀리터치를 통해 대화 기술, 자녀 양육 기술, 부부 사랑의 기술, 스트레스와 감정 관리 기술 등 행복한 가족 관계와 인간관계를 위한 커리큘럼을 개발하고 강사 교육을 인도하고 있다. 뿐만 아니라 가정 문제와 교육 전문가로서 각종 컨퍼런스와 세미나 주강사로 활동하면서 위기에 처한 부부와 가족을 회복시키는 공인 임상목회상담을 통해 수많은 가정을 회복시키고 있다.

저자는 광주 수피아여고를 졸업하고 전남대학교에서 영어영문학을 전공했다. 그 후 도미하여 텍사스주 서남침례신학대학원(Southwestern Baptist Theological Seminary)에서 기독교 교육 석사 학위와 교육학 전공 철학박사 학위를 취득했으며, 부전공으로 상담과 심리학을 공부했다.

저서로는 자서전인 『아빠의 선물』과 2012년 문화체육관광부로부터 우수교양도서로 선정된 『내 아이의 미래를 결정하는 가정원칙』 『마음을 움직이는 10가지 대화기술』 『감사, 변화의 시작』 등이 있다. 최근에는 유튜브 채널인 '패밀리 Talk'를 진행하고 있다.

www.familytouchusa.org | Email: joy@familytouchusa.org

내 삶에 터닝 포인트를 만드는
감사일기
THANKS Gull Grey

초판 1쇄 인쇄 2024년 4월 20일
초판 1쇄 발행 2024년 4월 30일

엮은이 정정숙
펴낸이 조현철

펴낸곳 도서출판 행복플러스
출판등록 2022년 4월 21일 제 25100-2022-000032호
주소 경기도 파주시 청석로 300, 924-401
전화 031-943-9754
팩스 031-945-9754
전자우편 karisbook@naver.com

총판 비전북 031-907-3927

ISBN 979-11-979105-4-8 04330
      979-11-979105-3-1 (세트)

ⓒ 정정숙, 2024